翻轉學

翻轉學

跟著柴鼠
學FQ
做自己的提款機

為投資理財打好基本功，
讓你不靠勞力，增加被動收入，快速FIRE

柴鼠兄弟　著／繪

contents 目 錄

PART 3

幫財富開外掛，打造被動收入
——基金、股票

PART 4

比賺錢更困難的事：保持賺錢

好評推薦

「投資新鮮人最佳的投資入門書!」

——MissQ,債券投資財金作家

「本書絕對可做為基礎理財及投資觀念的起手式,亦可啟發進階的致富思維。」

——阮慕驊,財經專家

你好，我們是柴鼠，很高興你翻開這本書。

很多人常問我「投資理財應該怎麼開始？」但我總會好奇反問對方：「為什麼你需要投資理財？」在本書的最開始提這個問題可能有點奇怪，不過你會翻開這本書，我相信絕非偶然，你可以先想想答案，因為在那之前，鼠想先告訴你為什麼我需要投資理財。

我相信絕大多數人的答案應該和我一樣簡單，就是「想變有錢人」！換個更精準一點的說法「不想每天再追著錢跑」。因為絕大多數人都不是含著金湯匙出生。有些人甚至還可能跟我一樣，大學一畢業出來工作，身上就背負著一筆沉重的學貸。

以普遍新鮮人的 24K 月薪來說，每個月一領到薪水，就有四分之一要先交給銀行、四分之一交給房東，剩下 1K 左右真正交給自己口袋，根本就是捉襟見肘、入不敷出。而且每個月追著錢跑的日子，還可能一跑就是馬拉松式的長跑五、六年，若是可以靠投資理財來開外掛，讓自己早日脫離這無限輪迴的苦海，當然是最好不過了。

鼠又是為什麼會開始想投資理財呢？

首先，我是個普通人，跟你一樣的普通人。私立大學畢業，沒念研究所直接去當兵，服完役進入職場，在同一個行業工作了 11 年。其中 10 年都待在同一家公司。剛入行時領 26K 的固定薪水，責任制工時無上限，變態加班是種常態，累了就帶回家繼續再戰。這麼披星戴月操了幾年，在平穩成長中攢得了些小富貴，肝卻也不再新鮮。

從接 Brief 簡報、動腦討論、企劃撰寫、提案執行到結案請款，然後繼續接下一個 Brief，在週而復始的輪迴日常裡，像是超級瑪

莉吃了星星，全身發亮內心卻忐忑個不停，無敵狀態結束後始終無法得到真正的平靜，因為時間一年一年過去，終究還是種在這蘿蔔坑裡，很穩，卻也越長越深。

先插個話和大家說明一下，接下來的故事不是什麼天方夜譚般的神奇故事，而是一個再平凡不過的市井小民故事。我們兩個和大家一樣普通，都沒有富爸爸、富媽媽的庇佑、沒有家財萬貫，也沒有中樂透的好運氣。更沒有什麼縱橫股市、殺進殺出、一夕致富的傳奇或神話。

這是個一出社會就背負著幾十萬學貸的職場菜鳥，一路跌跌撞撞追著錢跑，即使隨著工作累積終於晉升小資族，每個月雖然不用再縮衣節食了，卻還是擺脫不了月光族標籤，每個月為錢所苦。直到某個契機點，驚覺到投資理財的重要，並藉由這個知識，最終翻轉人生不同格局的分享。

先把時間倒回到我進入職場的前 4 年，即使當時月薪超過 4 萬元，我還是不爭氣地連續月光了 48 個月，沒能存下半點錢，信用卡也一直在刷爆邊緣，月中就開始在倒數發薪水那天。有一次公司員工旅遊要出國，扣除公司補助後，員工還要自費 2 萬元，我可以選擇不參加，但額外三天旅遊假和津貼就跟著泡湯，沒得休假還要上班，那還考慮什麼？我就參加了！

後來，旅行社告知卜個月初即將來公司收團費，可以選擇現場刷卡或是付現，我口袋空空卻老神在在，反正月初就領錢，自以為運籌帷幄如掐指神仙。

沒想到「千算萬算，毋值天那一劃」（台語），旅行社為了保留機位需要提早一週來收錢，可惡！怎麼就差這麼幾天，這下慘了，我去哪裡變出 2 萬元？

「該回家伸手？臉皮超薄的我是絕對不會跟家裡說，幾歲了還跟爸媽周轉去出國享受，這種啃老話我怎吐得出口？」

「據實以告晚幾天交？要是旅行社和團長追問恐露出馬腳，2 萬塊都刷不出來這傳開還得了。」

「要不預借現金？毋通，因為卡早就快爆……」

終於來到這一天，人家就要來收錢，我整個早上都無心上班，因為完全不知道下午要怎麼解決。最後掙扎了半天只好拉下臉，私下拜託同事幫忙周轉，承諾一領錢就立刻奉還，我痛恨極了話一出口等待對方點頭的那一瞬間。我交出 20 張千元大鈔時，外表故作輕鬆，內心早已被羞愧徹底淹沒，有人還問我怎麼不刷卡，只能假裝沒帶卡顧左右而言他。

當然，接下來幾天非常難熬，我完全不敢正眼看那位同事，走在辦公室都默默覺得矮所有人一截，每一天都度日如年，深怕虛有其表的氣球被戳破。直到發薪水那天，我立刻衝去 ATM 領錢，雙手奉還只差沒跪地叩謝。從那之後，我要自己記住這種可怕的虧欠，以後再也不要跟人借錢。這是我踏入社會後第一次驚覺自己這麼需要理財，也如高鐵一般衝擊了我對消費的價值觀。

隨著時間一天天過去，我開始嚴格控管消費金流，並減少聚會活動。當時匯豐銀行（HSBC）剛好新推出新型態銀行服務 Direct，我也從此擁有了一個「只進不出」的帳戶，一個和薪資轉帳完全獨立的存錢筒，並成為我理財之路的啟蒙，雖然 Direct 幾年後也收了。我把它當付信用卡帳單一樣強迫繳費給自己，固定買入美林的基金（貝萊德的前稱）。幾個月之後，月底竟然慢慢不再捉襟見肘，這才發現，只是每個月持續執行一個小動作，竟然可以讓自己改變這麼多。

一年後，我存到了人生第一個 10 萬元，年紀卻已 29 歲，第一次覺得有能力為自己做出選擇，決定暫時離開職場，抓住最後一年的機會到澳洲打工。這是第二次強烈感覺自己有多麼需要投資理財，否則不會有這些難忘的異國生活體驗，發現自己對教學知識分享的興趣，並在澳洲存下了另一桶金。

我的狀況也差不多，在剛進職場的前幾年，每個月光是繳學貸和房租就繳掉大半的薪水。當時仗著自己還年輕，一心覺得自己不

久後只會越賺越多錢，根本不用擔心，所以每個月即使口袋所剩無幾，還是照樣想吃就吃、想買就買，不夠的就先用卡刷，反正下個月薪水就進來了。每個月根本入不敷出，完全沒有現金流或理財的概念，即使有剩些小錢，也不覺得這些小金額有什麼好拿來做投資的，還不如花掉犒賞自己這一個月的辛勞。

直到決定要去澳洲打工度假那年，因為打工度假年齡限制的問題，如果當時不去，這輩子可能就沒機會了，所以即使身上還背負著學貸、卡債，最後還是硬著頭皮，向台灣企銀申辦了打工遊學的貸款補助。就這樣我帶著一屁股的債，天真期待去了澳洲就可以撈到人生第一桶金，順便把債務一次還清，然後衣錦還鄉。

但人生哪有那麼順利，在澳洲連找洗碗的工作都很競爭，雖然最後運氣很好，找到了時薪很高的工作，但因為是臨時工，也總是過得有一餐沒一餐的，在每個月收入非常不穩定，卻又要固定繳房租、債務的狀況下，有幾次甚至要打電話回台灣向媽媽求助，請媽媽代繳學貸和卡債，這時才真正讓我體認到理財的重要。也是在澳洲這段顛沛流離的期間，才改掉自己賺多少花多少的壞習慣，也才開始慢慢有了儲蓄理財的觀念。

很多人看到這可能會問，故事到這就結束了嗎？澳洲的第一桶金？當然不是。懂得投資理財，你的人生可以有更多無限的可能。

沒錯！從雪梨回到台北，我們一屁股坐回原來工作的座位，就是又繼續加班熬夜過了 5 年。但這次對於那些熟悉的日常瑣碎，幾乎沒有什麼抱怨，因為我們已在默默準備，但這次決定是要出來創業。下班回家的時間裡，繼續用硬梆梆的財經節目、股市分析和國際新聞不斷轟炸自己，久而久之居然也慢慢地看出了興趣。

三年多前離職時，我們同時告別了十年資歷和七位數的年薪，對於要轉換到全新的 YouTuber 領域，竟然沒有一絲一毫的猶豫。這是鼠第三次慶幸自己，在過去幾年投資了大量的休息時間埋頭閱讀和研究財經，並且又累積了一桶金，才換得這個能夠「為我工作」的自由。與其說是「天真瘋狂傻衝動」，還不如說是生命在回應我們的準備好了，對即將再次遲疑的鼠，從屁股狠狠補了一腳。

股市裡有一種技術型態叫「先蹲後跳」，意思是股價跌到了低檔整理，持續時間越長，籌碼（股票持有者）越穩定，能量會跟著累積，未來股價反彈時就會產生越大的威力。

當代以美國股神巴菲特為翹楚的價值投資學派，仔細拆解其基礎理論之後不難發現，方法沒有什麼玄奇捷徑，不外就是「仔細評估」、「等待價格」，最後「大量累積」而已。在百家爭鳴的理論學派裡，不缺艱澀複雜與過度包裝，如「等待」這樣單純卻不容易的大智若愚，在此更顯得難能珍貴。

在投資理財世界裡，我們得時時提防那些去頭截尾的神話傳奇，小心變得急功近利。絕對不要忘了人的際遇，複製貼上並不存在因果關係，以免落得在虧損中默默嘆氣否定自己。學習投資難免繳學費換經驗，然而能學起來就是自己的，最苦的是賺賠都不知道為什麼。

不過，可能有些人的觀念和以前的我一樣，覺得投資、股票、基金都是投機取巧，就像在玩賭博遊戲，很有可能最後會淪落到傾家蕩產，所以連碰都不敢碰，更不用說去嘗試學習這方面的知識。這種想法並不奇怪，有可能是來自原生家庭傳承下來的觀念，也可能是從新聞媒體上接收到的謬誤。就是因為不清楚、不了解，所以才會害怕，進而將它拒於千里之外，我和鼠的狀況剛好就是兩個極端的例子。

我的父母辛勞工作大半輩子，存了點錢卻從來也不敢做任何的投資，甚至看到電視報導有人因股市套牢而自殺的新聞，還會耳提面命地告誡我們千萬不要玩股票、搞投資，那跟賭博一樣，人還是要腳踏實地的工作賺錢。

這樣耳濡目染的環境下長大的我，在開始做我們頻道節目《夯翻鼠FQ》前，還是個根本不敢碰任何投資工具，每個月生活開銷外剩餘的錢，也只敢傻傻地存定存領1%薄利，所謂的「腳踏實地」的人。

直到開始《夯翻鼠FQ》這個節目，每次和鼠討論影片內容的過程中，慢慢學習到，原來股票除了殺進殺出高風險的當沖操作，

還有很多其他相較風險較低的存股、ETF 等各種投資方式，這也才讓我開了眼界，在慢慢了解了各種投資工具的優劣、風險、操作方式後，就像是忽然被開了天眼一樣，原來我以前那麼害怕不敢碰的投資工具，現在看起來如此平易近人，還真是有點感嘆無知的可怕！

很可惜的是，我們雖然生活在一個脫離不了錢的資本主義世界，但現今學校教育很少提及，或是教導我們正確的理財觀念，就像英國哲學家法蘭西斯·培根（Francis Bacon）所說：「知識就是力量。」唯有具備了基本理財的知識，你才有力量去掌控你的錢，而不是過著被錢操控的人生。

因為這些親身經歷，讓我們有了寫這本書的契機，希望能透過這本書的理財基本知識分享，讓你在理財這門人生必修課上，可以不必重修、少走一些冤枉路亦或是找到一條脫離被錢追著跑的捷徑。當然你可以不必現在就急著實際去做任何投資，但是你必須現在先具備這些知識，才能有機會開創人生更多的無限可能。

在這本書裡，我們嘗試告訴你各種理財工具的「關鍵知識」，目的不在給你「Yes 或 No」，而在建立判斷 Yes 或 No 的能力。因為聽專家的話不可怕，聽不懂專家在扯謊才可怕！具備獨立判斷的知識，面對金融世界虛實掩護、真假摻雜的消息，才能不為所動，臻于見樹見林的成熟，最後體悟出屬於自己的不敗心法。

回到一開始的問題「為什麼需要投資理財？」對柴鼠來說，它讓艱難的生活有了更多的可能性，同時改變了我們的價值觀、世界觀和人生觀。不需要再為了虛榮感到焦慮、可以放下工作到另一個世界開了眼界，或是努力替長遠的未來打造一個全新的自己。如果你也希望擁有更多選擇和可能性，投資理財是很不錯的捷徑。你的未來不需要更多猶豫，現在就可以開始學習！

PART 1

讓投資理財
事半功倍的
致富觀

1-1

注意力，
是你最值錢的貨幣

　　在閱讀本書之前，柴鼠想先告訴你一個祕密，這本書具有「加量不加價」的隱藏功能，解鎖的方法在兩個動作，如果你願意依照鼠的指示操作，將可以讓你從這本書得到加倍的知識。

　　首先，請你把手機關靜音、不震動、面朝下，放在距離自己 5 公尺遠的地方。接著，請你預估現在有多少閱讀時間，不論是半天、1 小時或睡前 10 分鐘，長短都沒關係，但你必須非常確定、也必須非常堅定把這段時間留給這本書。時間到了，就立刻把書放下，去滑開手機、做其他事、睡覺都可以。請每一次翻開這本書之前，都先做這兩件事，即可得到加倍的知識，就這麼簡單。

　　你也許會覺得有點莫名，書的內容是固定的，知識怎麼可能倍增？沒錯，內容確實不會改變，但我們選擇的閱讀狀態，卻會影響

理解的品質，就像在訊號不穩的情況下看棒球，再精采的比賽也會大打折扣。因為閱讀是一連串接收、消化和記憶的過程，隨著作者鋪排的脈絡，不斷衝擊大腦寫入記憶深層，而處在旁騖經心的環境，思緒一直被打斷，吸收消化不良，對內容的記憶自然就無法累積。

💰 投資理財前，先管好你的注意力

我們經常被問到：「投資理財應該怎麼開始？要先存一桶金？還是要學會記帳？或是要設定一個目標？」這些在過去可能都成立，但一進入 2020 年代，我們認為要學好投資做好理財，當務之急可能不是怎麼管理錢，而是得先學會管理你的注意力！因為那正是每個人身上最有商業價值的天然資源，可是卻很少人發現。

就以臉書來說，這幾年最明顯的改變就是影音，從直播、動態消息到提高長影片的觸及與開放營利，鼓勵用戶透過影片更新動態。所以現在打開塗鴉牆，似乎越來越少看到過去熟悉的照片和文字，更經常是自動播放的各種 GIF 或影音，因為會動的東西對動物的視覺更具有吸引力，只要每個用戶願意多停留一秒，累積起來的能量對社群平台來說，都會產生巨大的意義，演算法自然更願意提高影片的觸及，來增加臉書的黏性。

這樣的改變也引來農場影片*的大量入侵，不管是行車糾紛、驚

---

* 內容農場指的是，以牟取點閱流量為商業目的，以各種合法或非法手段，而經由網路快速生產大量複製散布的廉價內容，許多經常是品質不一、毫無根據未經查證又來路不明的網路傳聞。

世奇人或動物受困，雖然敘事都該有一定的起承轉合，觀眾才能進入狀況，但它往往是起承轉了又轉又再轉，就是一直不會合，好奇心被完全召喚卻又得不到答案，等了半天最後才真相大白。30 秒能說清楚的內容，卻足足演了 3 分鐘，我們就在如此巧妙的剪接布局之中，默默被吃了注意力的豆腐，卻難以察覺，因為只要停下來多看一秒，通常就再也沒辦法走。

不只是影片，現在很多網路新聞撰稿時，也大量地在使用這種「技巧」，繞來繞去繞最後一句才告訴你為什麼。不管是「真相令人鼻酸」、「內行人神解」或「當地人點出關鍵」，甚至開大絕招下了重口味的標題，成篇看到最後找不到答案，才發現自己已經上當！

但為什麼圍繞在我們周遭這些新聞媒體、商品服務、消費訊息和網路社群，都要無所不用其極地，想盡一切辦法獲取我們的注意力？答案很簡單，因為注意力就是錢！不用懷疑，我們每個人的注意力現在都非常值錢。當我們點了一則新聞、看了一支影片或是已讀了一條留言，這些訊息藉由注意力進到腦袋裡，默默地在影響各種行為，包含消費行為、投資行為、投票行為。

而我們花錢買東西，其實只是注意力被提領的其中一種形式而已，更多時候，這些注意力是被轉換成各種演算數據，透過意想不到的關聯，在陌生人身上被變現，不一定需要我們花錢，因為「不買」這個行為在大數據和 AI 的環境裡，其實也具有分析意義。廣告系統就可以演算出各種行為歷程和我們「相似」的人，避免投遞不適合的廣告，給可能也不買的另一個「我們」，強化了演算法對這群人的瞭解，就間接增加了其他商品被買單的機會。

💰 注意力貨幣，未來更水漲船高

這時候你或許會想：一天到底有多少注意力可以用？假設以最簡單的二分法，只要醒著我們就算有注意力好了，那扣掉睡著的時間假設 6 小時，剩下的 18 個小時就是有注意力供給的時候。

如果把這 18 小時的注意力當成一種貨幣，把它拿去跟 2000 年或 1990 年對比，現在這個注意力的幣值應該已經升值到破錶了，因為供給在過去幾十年，沒有劇烈的改變，即便有了智慧型手機，也無法改變生理極限，該睡的時間還是要睡，可是現在對於注意力需求，卻已經隨著科技發展而瘋狂暴增，供需不匹配，嚴重失衡。

就拿柴鼠的小時候來說，當時電視只有無線四台，週末晚間只能把注意力用在熱門節目《玫瑰之夜》或《金曲龍虎榜》，一看就是一整晚，注意力花費以小時為單位。後來有線電視開放了，一下子變成八、九十個頻道搶你一個晚間，選擇變多，於是注意力開始升值、變成分鐘計算，看沒多久就轉台。

到了現在網路影音社群的世界，頻道有千萬個隨時在等著你點擊，媒體對注意力的需求遠遠大過人們有限的供給，所以注意力價值再飆高，變成以毫秒計算。現在每天早上醒來一滑開手機，就有無數個資訊一擁而上，爭先恐後在跪求注意力貨幣，無所不用其極，因為這些訊息只要賺不到注意力就失去數位價值，很快就會被商業演算法掃進資訊灰燼。也就是說，在科技高度進展、資訊極端競爭的情況下，每個人每天有限的注意力，在未來將會比現在更值錢。

很多人總喜歡用沒錢當不理財的藉口，卻忘記自己還擁有比錢更具價值的注意力貨幣，也從來不管關心他們用在哪裡，結果這裡偷你一些、那個騙你一點，完全不知不覺，一分一秒就這樣過去。用投資的角度來看，如果我們非常確定手上的稀缺資源正在水漲船高，而且將來大家都會搶著要，那現在應該要隨便亂給，還是要想辦法儲存呢？

不需要懷疑，既然我們說注意力是一種貨幣，它可以拿來消費，當然就可以被儲存、也可以被拿來投資。把它拿去玩遊戲追八卦就是一種消費，可以換來短暫的療癒休閒，要是把它拿去認真上班就是一種儲存，因為下個月它會轉換成薪水，而如果把注意力用來累積對未來有幫助東西，就是一種投資，因為它會變成無形的能力，回報給將來的你。

但話說回來，我們畢竟是人不是神，是要吃喝拉撒的血肉之軀，會有七情六欲、也會有貪嗔痴慢疑，不可能完全不消費，也不可能完全沒休閒，所以這時候注意力的管理就變得非常地關鍵。

💰 先減：退訂垃圾訊息、退出虛耗時間的媒體

如果要練習管理自己的注意力，我們認為最直覺也最簡單的方法叫「減、加、乘」（－、＋、×），也就是先減、後加、再乘。因為在過去那種資訊取得相對困難的環境裡，單一個人向外的觸及範圍相當有限，這時候選項是由外部決定，所以老爸、老媽、老師、

老闆總是告訴我們要「像海綿一樣地吸收」。從家庭教育、學校教育到社會教育，都大力推崇無限累積，德智體群美，什麼都要學、什麼都得會，能看就看、能加就加。

但同樣的邏輯用在 2020 年，可能還沒累積什麼有用的東西，這塊海棉就已經充滿細菌，因為在使用網路和智慧型手機已經像呼吸一樣自然的時代，每天流動在眼前的資訊有無限多，選項已經由外部決定轉變為內部篩選，所以我們不會去問 YouTube 有什麼可以看？而是得告訴 YouTube 我想看什麼或是我不想看什麼。減法在這個環境成為一種不可或缺的重要能力，因為現在一個不小心手一滑、眼睛一飄，馬上就會被吸進注意力黑洞走不了。

讓鼠體會最深的是信用卡，剛出社會時還沒賺大錢，但信用卡卻從來不缺，出國這張、百貨那張、加油停車又一張，完全禁不起消費資訊的簇擁轟炸，這個也要有，那個也想拿。結果瞎忙半天，最後只得到一堆毫無用處的紅利點數，和根本達不到門檻就會失效的飛行里程，表面上看似什麼都有，但實際上什麼都沒有，而那時 .com 的世界才剛經歷泡沫的洗禮，手機螢幕都還是點陣黑白。

直到有一天自己對工作極度厭倦，才驚覺口袋空空根本沒有離開的本錢，表面毫無節制的及時行樂，剝開來都是未來的機會成本，掉進陷阱還自以為聰明，其實都是自己騙自己，隨著時間過去才漸漸體會：

當這個世界已經不缺加法的時候，減法才真正稀罕不是嗎？

後來鼠一口氣把那些信用卡一張一張全部繳完剪掉，只留下最重要的兩張，就這樣維持了好多年，直到現在還是最多兩張，每新辦一張就一定要剪一張，這個改變對後來的我幫助非常大，不只掙脫過去的消費網綁，還讓我從注意力黑洞中完全解放出來，也是我第一次意識到減法的力量。

在一個感官極度膨脹，物欲超級擁擠的環境裡，最奢華的境界是斷捨離。

正因為我們知道現在注意力非常值錢，而且將來會更值錢，所以必須先學會減，才能選離那些注意力的賊。我們必須主動察覺每天被硬塞過來的東西，包含一堆 E-mail、電子報和垃圾訊息，不想看就一定拉到最底下去 unsubscribe 退訂。而如果你發覺一個頻道、一種標題、一個媒體或是一個 Line 群，總是在虛耗你的注意力、拐騙你的眼睛，千萬不要忘記減法，因為你還是有選擇的。

🏦 後加、再乘：專注在知識、技術、健康、習慣

學會減法後，接下來就是用加法開始大量累積，因為在這裡能被留下來的，都是最重要也最需要的東西，那就不用吝嗇注意力，全神貫注地好好把這個貨幣花下去，知識也好、技術也好、健康也好、習慣也好，去堆砌那些真正有用的能力。

更落地一點，如果你希望突破投資理財的困境，我們非常強烈地建議你，一定要習慣接觸國際新聞和財經訊息，主動瞭解這個世界是怎麼在運行，這或許在一開始很不容易，但絕對可以練習，每個人都可以。務必把水平視野加寬、垂直縱深加大，用不同的角度（尤其是反方的角度）去思考同一件事情，這不論對現在的瓶頸或是未來的布局，都將成為非常可靠的前瞻指引*。

有句話說「站對風口，連豬都能飛」，但前提是要站在出風口而不是抽風口。三隻小豬也只有一隻聰明，要當一吹就倒的三分之二，還是能夠抵擋掠奪的那三分之一，我們都可以自己決定。這道強風就是乘法，看對風向、站對位置，就可以放大過去投資自己累積的能力，但前提是要先有注意力的主動堆砌，不論是健康的身體、專業能力、識見格局還是第一桶金，現在就得開始貫徹執行。

鼠常常在健身房角落一眼望過去，10 個人，通常有 5 個在滑手機，2 個看電視或練嘴皮，還有 1 個晃過來又晃過去，真正專心運動的人只剩 2 個，而且根本不足為奇。所以鼠發現在這種 80/20 的常態分布裡，要取得相對領先其實非常容易，因為只要比別人專心，放下手機就已經在前五分之一。

其實現在每一分一秒的注意力，在網路時代都是可以兌現的超搶手貨幣，我們當然可以拿去追求小確幸，但絕對不要只有小確幸，那是真的很可惜。鼠一直相信對事情有多少好奇心，就能獲得多少

＊ 前瞻指引（forward guidance）係指金融海嘯以來，以美國 FED 為首的各國央行所普遍採用的政策動向溝通工具，其中又以利率引導最為市場所熟知，透過前瞻指引可以讓市場更容易解讀央行對未來利率水準的預期。

能力，但同時需要大量的注意力。所以在一開始我們希望你去回想，昨天消費了多少注意力、儲存了多少注意力，又替自己的未來，投資了多少注意力？主動留意注意力的支出，試著用減、加、乘去重新整理，當你學會掌控每天的注意力，聚焦在對未來真正有幫助的事情，那麼阻礙你投資理財的瓶頸，自然也就難不倒你。

1-2

我們 FIRE 了自己

　　其實很多人認識柴鼠，不是因為投資理財，而是因為澳洲打工度假。我們絕對可以大言不慚地說，部落格「火星人之光」是 2011年至 2014 年間，台、港華人圈最廣為流傳的懶人聖經，也是出發前、中、後都必看的超實用祕笈！

　　如同在前一章所提到的「減加乘」，我們把握了人在澳洲當地的黃金時間，減去了大量休閒娛樂的機會，把自己當駐地記者一樣仔細觀察雪梨市區的每個細節，從物價、交通、稅務、飲食到門號通訊，一圖一字一句地日夜累積，一步一步地仔細教學，漸漸地累積出一整個系列，贏得了不少口碑。

　　這個部落格在 2013 年流量最高峰的時候，每週有超過 2 萬人次造訪。這樣的流量對很多美妝、旅遊、美食部落格來說，或許根本

就只是個零頭，但如果來自一個市場上相對冷門的打工度假領域，卻是相當突出的成績。這一段的重點不是在英勇話當年，而是我們從這個部落格得到一個改變生涯規劃的啟示：長尾。

💰 是偶然，還是注定？

回到台灣上班後，忙碌的生活又有了新的優先順序，隨著時間一年一年過去，澳洲打工的記憶也逐漸變成了回憶，後來這個部落格在 2014 年夏天正式劃下了句點，再也沒有任何更新。不過令我們驚訝的是，在整整停止更新兩年後，這個部落格在零維護、零管理的狀態下，每週居然還有三千多人次的造訪。

更令人振奮的是，直到 2018 年暑假過後，每週造訪人次才正式跌破千人。天啊！這代表我們的努力沒有被忘記，在過去花費大量時間和精神，整理的那些懶人包和大評比，經過了這麼多年，仍然 24 小時全年無休地，在網路上幫人解決打工度假的各種難題，GA* 上這條長長的尾巴，就是最佳的證明。

價值一旦被創造，便可以隨著時間持續累積、無限放大，我們憑藉著一股自助互助的熱情，不求回報地為陌生網友主動付出、翻譯表格、回答問題，卻也意外發掘了自己在內容創作的可能性，而成為後來轉換職涯的重要底氣，還影響了後來 YouTube 頻道的經營。有時候真的很好奇，這些像蝴蝶效應般妙不可言的際遇，到底是隨機偶然，還是命中注定？

---

* GA（Google Analytics）是一款被廣為採用的網頁流量追蹤工具。

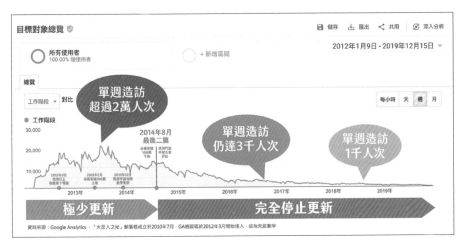

圖表 1-1　部落格「火星人之光」的造訪人次變化

💰 你能說 NO 嗎？

　　不過說到轉職，三五同事聚在一起，酒足飯飽之際，八卦主管抱怨公司是必定上桌的一道經典料理。尤其每到歲末年終，領完年終獎金就走的聲音總是此起彼落，但結果經常是一路從清明、端午慰留到中秋，風吹落葉又是下一個年末。與其形容這是一種職業倦怠症候群，還不如說是處理人際泥淖的束手無策，與面對職涯困局的別無選擇。

　　不知道這跟天蠍座有沒有關係，鼠在人群中一向是這類話題的絕緣體，關鍵時刻總是用傻笑掩護乾笑，拿起筷子猛挾食物，再把眼神飄到遠方去，因為我認為，真正要走的那種，是不會嚷嚷的。

即便最幸福的工作，也都有惱人的時候，抱怨用在化解情緒是健康的，但對於解決問題卻是有毒的。從務實的角度看，任何時候都不需要讓自己毫無節制地習慣抱怨，因為那只會讓事情裡的所有人，都攪在情緒的滾筒裡原地空轉，錯過解決問題的黃金時間。

十八世紀工業革命之後，生產工具的躍進改變了的生產關係，社會協作更加緊密，勞力走入廠房，透過標準化、規格化大量製造輸出，以經濟上的絕對優勢彼此相互貿易。勞工則將大半輩子交給公司，以努力工作換取賴以為生的穩定報酬，直到無法再工作，再透過基礎的社會保險和福利制度，維持終老的生活，這是普遍所認知的退休。

但時間來到 2020 年，AI、5G、物聯網、大數據，這些幾年前還感覺遙遠的新玩意，都已悄悄進入我們的工作和生活裡，生產力逐漸被重新定義，每個人都得面對這正在發生的勞動變遷。此時此刻值得深入思考的，或許不是誰會被 AI 取代的表面焦慮，而是全新型態的工作機會，正隨著科技不斷突破而大量出現時，你是否對未來已有足夠的累積？

近幾年，西方社會千禧世代間正興起一股 FIRE 運動，意思是「**財務自主、提早退休**」（Financial Independence, Retire Early），簡單來說，他們透過控制物欲減少支出，提高投資與儲蓄的比率，直到被動收入足以支撐基本生活，有許多 FIRE 的實踐者，在不到 40 歲或更年輕時就已提早退休。但這裡所指的退休，並非無所事事在遊山玩水成天享受，更廣義地來說，是進入一種**不以薪水為主要驅動的生活型態，拿回時間的主導權和定價權，可以由自己完全決定何**

時、何地、何種、如何、與誰工作，也能夠真正地說 NO ！

雖然我們還不認為自己已經提早退休，但我們確實 FIRE 了過去的自己，一腳踏入全職 YouTuber 的生活，原本以為只能撐三個月，但沒想到一做就超過三年，還達到了四十萬訂閱，如果時間回到十年前，台灣根本不存在這個職業。

從一個上班族到 YouTuber，多數的差別都和創業雷同，沒有人告訴你該怎麼做，也不會有一體適用的生存準則，一切都要靠自己摸索。我們隨時都可以休，但也幾乎全年無休，早已分不清工作和生活，連續三次跨年和中秋，都是在熬夜剪片中度過，終日戰戰兢兢，絲毫不敢輕言享受，與其說我們是如何地壯士斷腕破釜沉舟，還不如說是再也無法回到過去的生活。

如果要問我們 FIRE 的成功關鍵是什麼？習慣自律和發展興趣絕對是很重要的兩大把柴火。沒有自律，絕對存不了第一桶金，更不用說要如何撐過最燒錢的創業初期；不從興趣出發，創意和熱情就難以延續，一旦遭遇瓶頸面臨打擊，馬上就無以為繼。

換句話說，FI 是因、RE 是果，想要提早退休為自己工作，沒有一定程度的經濟自由，再美的夢終究只能是個夢，更可惜的是，很多人寧願把自己框在低薪低就的環境裡虛度光陰妄自菲薄，連夢都不想做。

所有關於錢的問題，最該提防的敵人永遠是自己，如果你對 FIRE 還有一絲憧憬，一定要繼續看下去，我們在下一章即將告訴你提高 FQ 的祕密。

1-3

除了 IQ 和 EQ，
你還需要 FQ

印象很深刻曾經收到網友這樣一則訊息：

> 柴鼠你們好，我同事最近不知道去哪裡聽到什麼 ×× 公司的
> △△幣投資方案，說只要投資一個單位 30 萬，接下來每個月就
> 收到至少 3 萬元的保證分紅，還拿存摺給他看，真的是每個月
> 固定有錢匯進來，就是一種被動收入。厲害一點的不到 30 歲就
> 已經財富自由不用上班了，IG 上都是精品趴和跑車，每個月都
> 在出國，都是有圖有真相。而且一直強調△△幣幾乎不可能跌，
> 再不投好像就來不及了，我覺得好像是騙人的，很想勸他但不知
> 道該怎麼跟他說，你們知道△△幣嗎？

鼠看完第一個直覺：他該不會就是同事本人？我抓了幾個關鍵字在網路和 PTT 搜尋這個幣，就有不少投資糾紛的相關討論和回應，建議他可以轉幾篇給老同學看，或是再仔細 Google 這間公司、這個幣或裡面幾個負責人，應該都不難發現一些蛛絲馬跡。這不用太強的推理能力，看過幾集柯南的程度就可以，但不論如何，都不需要把別人的選擇當作是自己的責任。

我不清楚他那位「同事」後來怎麼了，但鼠聽過太多的故事都演著類似的劇情……通常會有個輕鬆的獲利方式或驚人的報酬率，搭配真人見證和熱血澎湃的情緒，最後再加一點吸睛的奢侈品，這時候只要有人把頭先洗下去，後面就會前仆後繼地跟著跳進去。這些人並非不查證也不是不搜尋，而是不管 Google 再怎麼神，也去除不了人類的偏誤、盲從和癡迷，所以美國著名經濟學史學家金德柏格（Charles P. Kindleberger）有句話說得貼切：「再也沒有什麼比看到朋友發財致富，更能擾亂一個人的心情和判斷。」

💰 追求真確，避免落入感官陷阱

即便如此，投資理財仍然是一輩子無法迴避的課題，因為生在一個資本主義掛帥的時代，金錢不一定是通往夢想和理想的唯一道路，但卻是一條可以節省大量時間的快速道路，沒有麵包，又何來詩與遠方？這聽來或許苟且銅臭，卻也是這麼地活生生血淋淋。

泡在一個感官膨脹的數位環境裡，我們不得不承認，現在簡易速效才抓得住人心，視覺震撼才是硬道理，動輒月撈數百萬、一招

年賺數十趴，人人都有被動收入，個個在講財務自由，滿是嘆為觀止的精采結論，卻沒人察覺矛盾的前後邏輯。很多人寧願沉迷在粉紅濾鏡的甜蜜夢境裡，吸食一個又一個致富祕笈，最後變得不求甚解又好高騖遠，只想伸手要答案卻懶得問原因，麻木得像失落的日本經濟，實施負利率也提振不起。如果想擺脫這種無處不在的感官陷阱，就得養成習慣回到原點，實事求是地追求真確。

IQ（Intelligence Quotient）智商，一種透過測驗將人類智力量化的概念，源自於 19 世紀的歐洲，而大家所熟知的 EQ（Emotional Quotient，情緒商數），則是直到 1991 年才由美國心理學家提出，代表一個人對自我情緒的控制能力，一般人常將 IQ 和 EQ 相提並論，甚至認為情緒管理能力遠比與生俱來的智力更重要。

但在貧富差距持續擴大，中產階級不斷向下流動的時候，未來多數人其實更需要的是 FQ（Financial Quotient，財務智商），這廣義的可以代表一個人對金錢的整體價值觀和創造財富的能力，狹義的可以說是對金融世界的各種商品、工具和運作邏輯的根本認識。

但很可惜地，許多人的原生家庭和教育環境並不那麼注重理財教育，有開郵局帳戶在存壓歲錢就已經很了不起，以致於離開學校、進入社會之後都沒有 FQ 抗體，連最基本的定存、活存都分不清，更不用說在層層的商業包裝裡，搞懂自己的真正義務和權利。

鼠念大學時，在補習班打工教了三年的兒童美語，我發現學習表現特別突出的那些學生往往有兩個共同點：

❶ 家長自己也很投入在學習，有的還會主動跟你討論文法句型，比旁邊的小孩還認真。鼠後來發現，這其實是一種高明的引導策略，因為人類天生就是靠模仿其他人來快速適應環境，而父母就是小孩最關鍵的模仿來源，如果要把求知情境寫入孩童的潛意識裡，最直接深刻的辦法就是不斷地在他們面前重現。

❷ 這些學生已經找到學習英文的樂趣，所以作業考試完全不用人家盯，**這種由內在動機主導的力量非常驚人，一旦被有效地觸發，就會不斷地自我強化，在環境反饋中不斷調整再強化，最後慢慢形成一種價值信仰。**對老師來說，原生環境可能難以改變，但樂趣的開發卻大有機會。

但要如何讓一般人對硬梆梆的投資理財產生樂趣，除了題材的軟化方法與轉譯的設計創意，更核心的關鍵是**求真思維**，這是一種非常適合大多數人練習，具有三層深度的思考方法，也是召喚內在動機的必經過程，我用 What-Why-How：是什麼？為什麼？怎麼樣？來代表，任何時候只要不斷地依序挖掘這三個問題，在大部分的領域都能找到樂趣，這就是提高 FQ 的祕密。

💰 提高 FQ 的三層思考祕密

如果視覺化地描繪，它由上到下是一個倒三角形，當我們聽到一個事件或知道一個商品，一定從 What 開始，也就是先確立客觀

定義是什麼，接著再去思考 Why，為什麼有這個東西？透露出什麼弦外之音？最後更進一步去推想可能會怎麼發展下去，自己可以怎麼提早因應？舉個簡單的例子來說，2019 年台灣出現了「ETF 連結基金」這種新型態的金融商品，我們分成三個層次來思考：

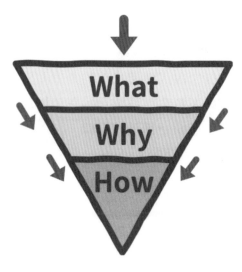

圖表 1-2　提高 FQ 的三層次思考

第一層 What（是什麼）

這是一種專門用來連結**特定** ETF 的基金，也就是我們投資這支基金的錢，有 90％都會拿去買某一支 ETF，例如：台灣 50 連結基金就是一支只投資 ETF 0050 的基金，很奇特吧。

第二層 Why（為什麼）

蛤？有沒聽錯？為什麼要出一個這樣的商品？怎不乾脆去股市直接買 0050 就好？還要多透過一個基金來持有 ETF。其實對經常在股市交易的投資人來說，買張 ETF 跟喝水一樣簡單，但不是每個人都有辦法駕馭股市下單軟體，也不是每個人都搞得懂股市的交易機制和除權息原理。

對大部分的共同基金投資人來說，還是比較喜歡定期定額透過銀行小額扣款，是他們節省時間煩惱的最佳選擇。近幾年被動投資成為顯學，人手一張 0050 或 0056，這讓很多基金派投資人也心神嚮往，但在傳統基金的環境裡，幾乎都是主動選股型基金，相當缺乏類似的工具，而且證券交易那條線，怎麼樣就是跨不過去。當市場需求累積到一定程度，就會出現相應的商品，於是 ETF 連結基金就誕生了。

第三層 How（怎麼樣）

如果我們再深入思考就不難發現，國內投資人對被動投資的接受度已經大幅提高，寧願多隔一道基金也要去跟著大盤指數走，難不成他們過去所長期擁抱的「主動投資」，績效已經越來越難說服他們？這從近幾年台股各式 ETF 數量成長的盛況，就同時可以得到佐證。

就在同一年的 9 月，美國知名的基金研究機構晨星（MorningStar）的報告指出，追蹤美股的被動型基金總資產規模，已經達到 4.27 兆美元，同時主動型基金的規模是 4.25 兆美元，這

是主動型基金有史以來第一次被超越，同樣地更確立這股被動投資的趨勢。當市場上越來越多資金湧向被動型商品，市場也有許多專家開始警告**流動性瞬間短缺**與**系統性風險加邊**的問題，當然，這又是下一輪 What-Why-How 了。

從一個新商品的理解，到趨勢的發現，最後到市場對潛在風險的擔憂，我們試圖用這樣的方法，去深入探索每個事件和商品背後的意義，不見得每次都能領悟出什麼脈絡關係，但這一次次都是對金融意識的自我強化。可惜對大多數人來說，光是可以徹底搞懂 What 就已經很不容易，要進入後面兩個階段，真的需要超凡的好奇心，才能扳動得了那個內在動機。

如果FQ可以量化成0至100分，我們在這本書希望帶給讀者的，就是 0 至 70 分的部分，因為那是每個人都可以輕易做到也必須具備的基礎學分，所以你不會看到我們分享玄妙高超的投資心法，或是幾年翻倍的選股攻略，取而代之的是基礎原理的仔細分解，但與其說是介紹金融工具，實際上更像是在演示一種抽絲剝繭瞭解本質的方法，以及重新轉譯的創意，不論已知未知、或新或舊，都可以換個角度重新再吸收。**當我們對知識瞭解得越深入，能看到的層次就更豐富，面對困境和變局，才能做出更有品質的決定。**

比起 IQ 和 EQ，FQ 更容易藉由後天練習而累積，也是一輩子受用無窮的能力。每一個現在都是過去的選擇，如果我們和別人想的都一樣，又如何期待未來得到不一樣的結果？目標夢想每個人都有，卻很少人有勇氣付諸行動，換句話說，立刻採取行動的人，將能獲得最多。

1-4

人多的地方不要去？

　　印象非常深刻，2011 年我們結束澳洲打工度假回到桃園機場那天，提領行李的時候四周等待的人「都在說中文和台語」，忽然感覺親切又頗不習慣，在超商買東西講話還卡卡的轉不過來。因為我們都沒發覺，自己已經有整整一年待在一個幾乎用不到中文的國家，找工作、租房子、各種生活大小問題，都要自己設法克服。那是第一次這麼強烈感覺到，英文也可以這麼自然地長在自己身上，一種長時間潛移默化的驚人影響，原來要學一個語言，沒有什麼比讓自己完全融入在當地的生活環境裡面，更全面、有效又直接的了。

　　同樣的邏輯也可以用在投資理財，也就是說，如果想要提高FQ，增加自己對財富的意識，最簡單直白又粗暴的方法，就是把自己浸泡在一個富含錢意識的環境裡，透過外部力量來形塑內部想

法，而我們在前一章所提到的 What-Why-How，正是連結內外之間的那座重要橋梁。

但對新手來說，這個外部環境究竟該如何設計？投資市場裡有句名言：「人多的地方不要去」，目的在警告投資人小心一窩蜂追逐吹捧所造成的價格扭曲，可是我們卻認為，對一個沒有經驗的新手小白來講，現在最聰明的策略反而是「**人多的地方才要去**」因為人多的地方經驗成本最低！什麼意思呢？

💰 錢意識環境

2020 年後的現在比起過去任何一個時候，要學習一門新學問都來得更加容易，智慧型手機、網路社群和串流影音在近十幾年間爆發式的崛起，不僅改變了社會樣貌和人際關係，也開始影響到了資訊傳播的商業型態。我們在 YouTube 上面幾乎可以搜尋到任何想學的主題，連補魚網和磨菜刀都有專門的頻道在教，更不用說知識含量要求相對更高的投資理財領域，更是滿滿的各種達人、老師和專家，當然也包含柴鼠兄弟。

我們發現了趨勢改變所隱含的大量機會，從上班族變成 YouTuber 出現在你面前，你用收看影片付出的注意力和時間，來交換柴鼠提供給你的知識觀點。如果不存在這樣的平台、科技和創業模式，柴鼠極有可能還是在窩某個角落，加班熬夜趕案子的燒肝族（雖然當 YouTuber 還是燒肝），我們也不會有這個轉職機會，也不可能認識這個對投資理財充滿熱情的你。

十五年前誰也沒想過，多益、大提琴、重訓、電影動畫、西班牙文……更包含投資分析，這些過去要砸大錢花時間才能學到的專業內容，現在有很多人都願意免費教你，還讓你下載自製檔案和講義，但這並不代表知識貶值，而是溝通環境已經改變！

知識的對價不再只是狹義的鐘點費，而是因應社會樣態的多元，出現了更多過去從來不曾存在的供需。這間接形成了一個對新手相當有利的生態圈，因為求知權正在重新分配，不再是掌握資源的一小群人絕對優先，而是願意投注時間和注意力的任何人，都有能力自由取得彼此交換！

換句話說，現在「沒有錢」已經不能成為放棄投資拒絕理財的藉口，因為錢的定義不再只是一行數字而已。如果投資新手能善加掌握這些，因為市場趨勢和科技發展所帶來的知識紅利，那必須靠自己碰撞、試誤才能獲取經驗的學習成本，都可以大幅度地降低。重點在於，有多少人能察覺這個外部紅利，並且知道善用它來轉換成自己的內部收益，這就是我們不斷強調每個人都必須開始實行減、加、乘的原因。

再更具體地說，錢意識環境的建立有兩個面向：

工具抉擇

沒在臭屁的，柴鼠的影片製作能力和剪輯技術，從幾乎零基礎的全素人開始，到可以拿出去接得到商案，完全都是透過**網路免費自學**，沒有上過任何一堂付費的專業剪輯課，全部都靠自己摸。

起初我們決定影音剪輯系統時，考量的除了硬體的配合度，更包含周邊資源，蘋果的專業剪輯軟體 FCPX 在 YouTube 上有數千支技術教學影片，而它們並非來自蘋果官方，幾乎都是個人分享。因為 YouTuber 這個職業，在美國的發展遠比世界各國還要成熟，有完整的上下供應鍊，包含器材、軟體、經紀、社群、授權音樂圖片、周邊商品等，因此不難想像會有多少 FCPX 的使用技術，在美國 YouTube 上被分享交流，甚至不乏好萊塢級的專業人士。

同樣地，當金融環境越成熟越多元，投資知識和技術會逐漸普及，金融工具也跟著不斷推陳出新，不管是合法的非法的、傳統的虛擬的、單純的複雜的、實體的衍生的、真的假的，這麼多的選擇對新手來說其實是相當大的負擔。

如果要趨吉避凶又能最快上手，就往人多的地方去！從最基礎的**定存、外幣、基金、股票（包含 ETF）**開始學起，因為這四個是最普遍、最成熟、監管機制也最完整的基礎金融工具，光是練會這四個，其實就足以解決一生大多數的理財問題。

除非你把它們都搞懂了還是無法滿足你，那再去挑戰期貨、選擇權、外匯保證金、虛擬幣等進階型商品，否則真的不需要捨近求遠去操作一些很難搞懂的東西。因為越複雜的工具就越需要高端的專業能力才能駕馭，當供需雙方資訊落差越大，就存在越多不透明的馬賽克空間，缺乏判斷經驗的投資新手，也更難為自己做出合理的選擇，想問也沒什麼人懂，最後被當肥羊宰就也不意外了。

刻意閱讀

巴菲特的投資夥伴查理‧蒙格（Charles T. Munger）有句名言：「我這輩子遇到的各種聰明人，沒有一個是不閱讀的！沒有，一個都沒有。」但在一個手心黏手機的時代，要拿起一本書遠比過去困難得非常多，所以這裡對閱讀的界定，並不侷限於傳統的書本，而是泛指一天之內所有的資訊**主動接收**，不管是滑 FB、IG 看 twitter 點 LINE 群，或是電子書、電視、廣播和平面媒體統統都算。

既然無法抵抗，那我們就順勢而為，在習慣的日常中找尋刻意練習的機會，新聞閱讀是最好的開始。首先，你必須養成每天看新聞的習慣，接著有二個好用的方法，第一是**調整順序**，一定先看國際再看財經，還有空才看其他的，把注意力先留給最重要的東西，一開始可能會不習慣，但只要可以維持一個月，你就會發現奇妙的改變。

如果改變閱讀順序會讓你覺得很不習慣，可以再加第二個方法來緩解：**只看標題**，也就是每次至少先把國際和財經板塊的標題都看過一遍，有點印象就好。這樣的訓練是為了刺激大腦「喬」出一塊記憶空間給它們，並且每天先關心這些事情，放點資訊進去，讓腦袋習慣接觸國際和財經。

當每天主動接觸對你來說已經不成問題，那可以再去訂閱或收看收聽關於知識、**趨勢**、產業的報導介紹或評論分析，目的是增加思考深度，站在巨人的肩膀上，幫助自己看到同一件事更多不同的層面，這非常有助於邏輯的訓練和觀點的累積。

更進一步地，我們非常建議在每天的作息中，固定保留一個小時專注地連續閱讀，在這段期間請盡量排除任何一切被打擾的可能，全力投入在知識的吸收，但時間一到就立刻去做下一件事情。這樣的訓練除了可以讓閱讀的品質大幅提升，也會讓接下來的每個行動更為明確，降低拖延的可能。

對一個新手來說，待在人多的地方其實沒什麼不好，我們有多少能力做多少事，有些成長的機會稍縱即逝，有些東西學起來可以用一輩子，要怎麼累積，都操之在己。接下來我們就從最基礎的各種存款開始，用不一樣方法，帶你逐一認識這四大工具的關鍵知識。

Part 2

真正的懶人
投資，最基礎
的 FQ──
定存、外幣

2-1

錢住的地方，
從認識存款帳戶開始

活存帳戶就像房子裡的客廳，
所有的錢都會來這裡暫時坐坐

　　鼠記得最早開始接觸的「儲蓄」，是從國小的學生郵政儲金簿開始，這個記憶很多人應該也都不陌生，它是 1970 年代政府推廣儲蓄運動下的產物，目的是鼓勵國民從小養成儲蓄習慣，一直實行了將近半個世紀到 2018 年才走入歷史，而學生儲金就是一種簡易的「活期性存款」。

　　但在儲蓄的世界裡，存款不只有一種形式，金融機構因應不同目的，也提供了多種「存款服務」。雖然各行庫的開戶規定和商品設計略有差異，但共通也最常見的就屬活存、活儲、定存、定儲、綜存等五項了。

$ 活存，就像家中的客廳

　　這類型的存款稱為「活期」，最重要的功能是可以隨時存提、匯入、匯出，流動性最高也最普及。像父母給的生活費、上班領的薪資、現金或支票存款、利息收入、各種轉帳匯入等，都是直接流入活存帳戶「暫時坐坐」。相反地，如果要從 ATM 提款、轉帳匯出、繳費、簽帳等，所有的錢要流出也都得透過這裡。所以「活存」就像是一間房子的客廳，不論你是客人或主人，進入這個房子的所有活動都會從這裡開始。

　　因為活期性存款內的資金沒有規定停留期限，存戶可以隨時領錢，對銀行來說，他們只是幫忙暫時保管這些錢，不但無法轉做其他投資使用或借給別人賺利息，還收不到保管費，因此一般銀行對於活存提供的利息就非常少。但比起國外銀行，台灣的行庫已經算

是佛心來著了，鼠記得我們去澳洲打工時，在當地澳盛銀行（ANZ）開的銀行活存帳戶，不管裡面存多少錢，每個月就要扣5元澳幣（當時約新台幣150元）的帳管費。

活存又可分為四大類：活期存款、活期儲蓄存款、支票存款、證券活期存款，前兩種雖然只差了「儲蓄」二字，但利率差很多。因為「活期存款」是自然人（一般個人）、法人（公司／機構）皆可開立的帳戶型態，而「活期儲蓄存款」多了儲蓄兩個字，是專為自然人和非營利法人（例如：學會、協會、基金會）而設計的存款帳戶，提供高於一般活存的利息，目的是鼓勵國民儲蓄。所以我們個人到銀行開戶大都是用利息比較高的「活儲」，只有一般公司行號才會去開利息比較低的「活存」。

鼠比較台灣各家銀行活存和活儲的利率，活存約0.01％～0.05％，而活儲則有0.05％～0.1％，兩者差距約2～5倍。雖然活期性存款仍有少少的利息，但多數銀行都設有5,000或10,000元的「起息門檻」，如果活期帳戶裡的餘額低於規定的起息金額，銀行則不會計算利息給存戶。另外，活期性存款的利息結算日都分上下半年各一次，前一年12月21日至該年6月20日的利息於6月20日結算，6月21日至12月20日則於12月20日結算。

除了最常見的兩種活存，另一種簡稱「支存」或「甲存」的「支票存款」，是能讓帳戶所有者，透過開立支票付款的一種活存帳戶，像電影裡有錢人拿出支票本來寫那樣，不論個人或公司都可以申請。這種帳戶最大的優點就是可以透過支票「延後付款」。

例如，派可老闆的公司向廠商訂購一批飼料30,000元，貨在4

月 1 日送到後，派可老闆開了一張 4 月 30 日兌現的支票給飼料廠商當作貨款，派可只要在支票上約定的日期內將錢存入支票存款帳戶即可，而廠商的會計拿到支票存入銀行之後，帳戶會出現一筆 30,000 元的支票存款，但此時它只是存簿裡的一個數字，無法提領使用，要等派可將錢存入之後，廠商那張支票在 4 月 30 日才會兌現。

但如果派可老闆因為生意不好、進太多原料、買了設備等各種原因，導致當月「周轉不靈」而無法如期在 4 月 30 日之前將 30,000 元存入，此時廠商手上的支票即便已經存入銀行也無法兌現，這就是「跳票」。只要有跳票紀錄，信用就會出現難以消除的汙點，沒有人敢再收你的支票，未來想要貸款也會有問題。

所以支票存款帳戶不是隨便要申請就有，開戶須滿一定時間，存款金額也有規定，而且需要通過聯合徵信，過去不能有跳票或信用不良的紀錄才可以。最重要的是存在「支票存款帳戶」裡的錢，銀行都是不給利息的。

最後是證券活期存款，主要是用來當作買賣股票、期貨、ETF、權證等等有價證券商品的「交割帳戶」，用來收付證券交易的金額。要特別注意這種戶頭裡的存款大多是過渡性質，所以一般銀行對於證券交割帳戶提供的利息都非常低，甚至比一般公司在用的活期存款帳戶還低，因此很多投資人會開兩個帳戶再相互連結，需要交易時才把錢匯入證券帳戶。不過每家銀行對證券交割戶的規定都有些不同，建議在設定之前還是要先和往來銀行確認。

💰 定期性存款，最基礎的投資工具

一間房子除了客廳，仍會因應各種需求設計出臥室、廚房、廁所、陽台等「功能式空間」，以滿足不同的起居需求。相對於活期而言，定期性存款則是一種計畫性的儲蓄，和銀行約定存款金額、利率與存續時間，依照方式領取利息。存戶在約定期間內無法任意提領存款，降低資金的自由度以換取較高的報酬，而銀行則可以將資金用於投資或放款，並將部分獲利當作利息報酬分配給定存戶。

常見的定期性存款主要分兩大類：定期存款、定期儲蓄存款，雖然只差在「儲蓄」這兩個字，實際上卻有三個明顯的差異：

❶ 與「活存、活儲」一樣的原則，一般具營利性質的公司、機關、團體只能選擇「定存」，無法辦理「定儲」，而一般個人和非營利法人則可以採用定儲來享受較高的利率。以臺灣銀行為例，目前一年期的定存利率為 0.815%，而定儲卻有 0.84%。

❷ 定存皆單利計算，定儲則因為月配息的的緣故，可以達到「月複利」的效果，意即每月計算一次月利息後滾入本金，成為次月計算的利息的基礎，如此每月加入新利息後繼續累積本金，依次類推到每個月直到期滿。因此定儲不但利息基礎較高，且透過複利效果又再提高利息報酬。

❸ 銀行針對定存的約定天期較靈活，從 1 到 11 個月都可以設定，最長可以到 3 年，定儲則是至少 1 年起跳，最長同樣是

活期性存款				
類別	活期存款	活期儲蓄存款	支票存款	證券活期存款
主要特色	公司行號大額資金進出使用	利率最高多為個人使用	結合銀行支票作為支付工具	股票、期貨、權證等有價證券買賣交易收款／扣款帳戶
申辦資格	個人、一般公司行號	個人非營利性質公司行號	個人、一般公司行號（須符合特定開戶條件）	個人、一般公司行號
利率	約 0.04%	約 0.1%	不計息	約 0.02%
利息結算週期	每年 2 次，多固定在 6 月及 12 月		–	同一般活存
10 萬元存滿 1 年可獲得利息	**40 元**	**100 元**	**0 元**	**20 元**

定期性存款			
類別	定期存款	定期儲蓄存款	
		整存整付	零存整付	存本取息
主要特色	多為公司行號使用	單筆存入利息報酬最高	可分期支付的定存	每月領息具現金流功能
申辦資格	個人、一般公司行號	個人、非營利性質公司行號		
利率	約 0.815% 單利計算	約 0.04% 月複利計算	約 0.84% 月複利計算	約 0.84% 月單利計算
利息結算週期	期滿結算領回本息	每月結算後滾入本金		每月結算領回
10 萬元存滿 1 年可獲得利息	**815 元**	**843 元**	**464 元**（每月存 8,334 元 ×12 月）	**840 元**（每月領 70 元 ×12 個月）

※ 本表以臺灣銀行一年期機動利率為基準，僅供參考，實際利率仍以各銀行公告為準

圖表 2-1　活期性與定期性存款比較

3 年。因此對我們一般個人存戶來說，如果確定 1 年內不會
動用這筆錢，直接選擇「定儲」會較有利。

從這三個差異不難發現，「定儲」是所有存款類型中最適合長
期投資且報酬最高的商品，也因為定儲投資經常動輒數年以上，為
了因應不同的儲蓄需求，在定期儲蓄中又細分三種：整存整付、零
存整付、存本取息。

❶ **整存整付**：這是一般最廣為熟知的定存（如前述定義應歸類
為「定儲」），即存入一筆錢，期滿後銀行整筆給付本金加
利息。例如：60,000 元整存整付 1 年，假設以年利率 1％月
複利計算，1 年後可領回 60,603 元。

❷ **零存整付**：可以想成「分期付款版」的整存整付，約定每月
存入固定的金額，存期屆滿後，可整筆領回本金加利息。以
1 年存 60,000 元為例，平均每個月「分期繳款」5,000 元到
戶頭裡，採年利率 1％月複利計算，期滿領回的金額卻只有
60,326 元，比整存整付少了 277 元。原因在於零存整付的
60,000 元本金是 12 個月分批存入，越晚存入的本金計息次
數越少，而整存整付則是每個月都用 60,000 元計息，因此
利息較多。

❸ **存本取息**：存入一筆錢後，在約定期間內分批領取利息，期
滿後領回本金。簡單來說，可以說是錢放在銀行，透過領取
利息獲取每個月的現金流，而不將利息投入本金。因此存本
取息無法發揮複利的效果，只能用單利計算。以 60,000 元

　　為例，存一年利率 1％，每月可領 50 元利息，一年合計可領
600 元利息。

　　或許你會發現「存本取息」和「整存整付」的利息一年只差 3 元，
但不要忘了複利加上時間的威力，「整存整付」是把蛋留給母雞繼
續孵小雞，隨著時間拉長會生出更多蛋和孵出更多雞，而「存本取
息」是每個月都把蛋拿走，存再久都是拿固定的蛋，永遠不會有小
雞出現，這便是單利和複利最大的差別。

💰 定存質借與綜合存款，方便但潛藏風險

　　在定存期間內，如果臨時有短期的資金需求，但金額又沒大到
需要將定存整筆解約，銀行有提供一種比較少被注意的「定存質借」
服務，其利息通常是定存利率再加 1％～ 1.5％，比起一般信貸或信
用卡預借現金的利率還低，而且最高可以借到定存的九成。

　　例如：派可老闆急需 30,000 元貨款存入支票帳戶，但現金不夠，
不過他有一筆 300,000 元定存。此時，如果將定存提前解約，除了
計算的利率要下修，利息還要打 8 折，非常不划算。此時就可以透
過定存質借「自己跟自己借錢」，不需要傳統貸款複雜的開辦、對
保、填寫單據的手續，而且原本的定存在質借期間內仍會持續計息。
唯一的差別只在質借期間，這筆定存變成銀行的擔保品，暫時無法
解約，但在還款後就恢復正常不受影響。

　　為了方便民眾管理資金，銀行提供另一種綜合存款帳戶，可連

結活期性和定期性存款，並同時將定存質借整合在一起。優點是方便存戶在活期與定期存款之間轉換，不必再保管定存單，甚至還可以約定活存每滿 10,000 元後自動轉入定存，因此用一本存摺和一張金融卡就可以完成，是現在相當受歡迎的帳戶型態。

不過越方便的金融工具有些時候也越容易產生風險，曾經有民眾發生過遺失金融卡時來不及掛失，不但綜合存款帳戶內的活儲被領完，歹徒還透過定存質借功能把帳戶內的定存也都「借完」，讓存戶損失慘重。

也有發生過存戶提領時因為活儲餘額不足，自動啟用「定存質借」的功能，間接提領定存，被銀行收了利息才發現。因此建議在開戶時，可以先取消定存質借的功能，如有需要再到銀行臨櫃辦理，以免讓辛苦累積的定存暴露在冒領或誤領的風險中。

2-2

定存利率，
不只是報酬率而已

衡量選擇投資商品時的機會成本，
就像決定要搭乘什麼交通工具

　　還記得去年在哪裡跨年嗎？有人選擇出國追全球的第一道曙光，有人選擇去跨年晚會感受現場煙火的震憾，有人選擇開車上山俯瞰城市夜景，有人選擇看電視陪家人或什麼都不做。當我們為這個夜晚選擇了待在家裡，雖然免除了在寒流中久站憋尿的不舒服，卻也不能在現場與萬人一起倒數歡呼，此時無法感受現場氣氛，就是跨年不出門的「機會成本」。

　　對理財工具的選擇也一樣，當我們為一筆錢決定用途後，便同時捨棄了其他的可能。只不過比起跨年，在投資世界的機會成本，更能透過客觀而量化的方法評估，其中最容易理解且被廣泛運用的就是「銀行定存利率」了。

　　在前一篇介紹的定期性存款，原理是把錢交給銀行保存一段雙方約定的時間，期限一到，銀行便連本帶利把錢還給存戶。銀行在這段時間會把我們的存款拿去「放款」，也就是把存款放出去給需要借貸的人，像是信貸、車貸、房貸等，收取較高的利息，並從中獲利。對存戶來說，我們透過資金的閉鎖和流動性的降低，在不損及本金的前提下，賺取利息。而這筆報酬大小的衡量標準就是「利率」，也就是利息的比率，通常以 1 年為計算單位，又稱為「年利率」。

💰 利率如何計算？

　　假如年利率是 1%，代表這筆錢存滿一年可獲得 1% 的利息，但一樣 1% 的年利率，如果定存時間設定為 3 個月，也就是只存了四

分之一年，利息的計算方式就是年利率 1% 再乘以四分之一，定存 6 個月就是 1% 再乘以二分之一，依此類推。

10 萬元、年利率 1%、存 1 年的利息
= 10 萬元 ×1% = 1,000 元

10 萬元、年利率 1%、存 3 個月的利息
= 10 萬元 ×1% × $\frac{1}{4}$
= 250 元

不過在實務上，銀行 3 個月和 1 年的定存利率並不會一樣，以臺灣銀行的定存利率為例，目前 1 年期利率為 0.815%，3 個月卻只有 0.41%，定存時間越短，利率就越低，所以一次存 12 個月絕對會比 3 個月存 4 次來得划算，試算如下：

10 萬元存 1 年、年利率 0.815% 的利息
= 10 萬元 ×0.815% ×1 = 815 元

10 萬元存 3 個月 4 次、年利率 0.41% 的利息
= 10 萬元 ×0.41% × $\frac{1}{4}$ ×4 = 410 元

如果遇到定存需要「中途提前解約」，銀行在計算利息時有兩項規定：

❶ 利率依實際存款天期調降

❷ 利息以 8 折計算

台幣存款利率表			
類別	期別	機動利率 (%)	固定利率 (%)
定期儲蓄存款	3 年	0.865	0.815
	2 年	0.845	0.795
	1 年	0.840	0.790
定期存款	3 年	0.825	0.765
	2 年	0.820	0.760
	1 年	0.815	0.755
	9 個月	0.700	0.650
	6 個月	0.585	0.535
	3 個月	0.410	0.380
	1 個月	0.350	0.350

※ 以上為臺灣銀行小額（500 萬元以內）存款利率，實際仍以各銀行牌告利率為準

圖表 2-2　臺灣銀行定期性存款利率

舉例來說，鼠拿 100,000 元到臺灣銀行定存一年，依照圖表 2-2 的利率就是 0.815％，代表 1 年期滿可以領 815 元的利息，結果鼠只存了 5 個月就臨時要用這筆錢，必須把這筆定存解約，此時計算的利率就不是當初約定的 0.815％，而是要用 3 個月的利率 0.41％計算，並再乘以十二分之五（因為只存 5 個月），最後打 8 折，所以這筆定存在 5 個月提前解約的利息便是：

$$10 \text{ 萬元 } \times 0.41\% \times \frac{5}{12} \times 80\% = 137 \text{ 元}$$

所以定存提前解約除了要損失利差（0.815％→ 0.41％），還要

再損失兩成利息，不到一個月解約更是完全沒有利息。不過定存就算只存了幾天或幾週就解約，受影響的只有利息，本金仍然可以完整領回，等於完全保本的「零風險投資」，受到許多保守型投資人喜愛。

💰 利率，看出景氣好壞的重要指標

回到選擇投資工具的機會成本，銀行定存可以在零風險的前提下，提供約 1% 的投資報酬，背後還有銀行法和 300 萬元的存款保險，由國家撐腰保障存戶權益，不需要學習複雜的投資知識也不需要追蹤各種數字漲跌，每個人都可以輕鬆運用，時間到了就領利息，是真正的「懶人投資」。

換句話說，如果一個投資工具的風險無法像定存一樣低，報酬率也沒贏多少，那還不乾脆閉著眼睛放定存就好。

在衡量各種投資商品的效益時，定存利率便成為一個最容易運用的衡量標準。當一個商品的投報率越靠近定存利率，越沒吸引力，低於定存利率時則完全失去吸引力。可以發現定存利率的高低，對投資市場的資金流動具有極大的影響力。

想像在市區從 A 點移動到 B 點有三種交通工具：捷運、公車或小黃，一樣的距離，小黃的方便度最高，但移動成本卻是捷運的 5 倍、公車的 10 倍。假設從這個月開始，小黃在上下班時間都無條件降價 50 元，捷運和公車的使用率勢必受到衝擊，如果小黃再降價

100 元，以近乎相同的移動成本，卻可以享受更高的舒適度和便利性，自然就沒人會想在上下班人擠人搭公車換捷運了。

不過，銀行的定存利率不會永遠固定，而是會隨著中央銀行的「重貼現率」上下調整，俗稱「升息」或「降息」。當央行發現景氣不好，便會降息，使得各家銀行也跟著調降各種存款利息。

當錢存在銀行賺不到利息時，其他工具的報酬率就變得相對吸引人，只要利率降個百分之幾，資金會逐漸從銀行定存流出，湧向報酬率比較高的商品、投資企業或在市場進行消費。

此時由於央行降息，銀行的貸款利息也會跟著降低，於是借錢壓力變小，企業或民眾向銀行貸款的意願也會提高，企業願意融資買設備、土地、蓋廠房、多請員工，而個人則可以貸款買車買房等，錢不斷地從銀行被借出來，為市場注入資金，帶動經濟復甦。

隨著時間過去，景氣逐漸轉好，市場上的錢越來越多，民眾和企業的收入增加，消費能力也增加，需求就跟著上升，但供給端在短時間內趕不上，市場機制便以價制量，於是物價開始上漲，最後產生「通貨膨脹」，這是景氣處於擴張階段時的現象。

此時，央行發現市場過熱，通膨速度過快，於是不再降息，改為升息，銀行存放款利率跟著提高。當我們把錢放在一個零風險的地方，就可以得到不錯的利息，定存馬上變成熱門的投資工具，資金便開始從股市、債市、基金、房地產流出，往銀行定存移動。

銀行為了付更高的存款利息給定存戶，就得把放款利率一起提高，賺更多利息錢才能維持獲利或打平，於是企業和民眾貸款成本

開始增加，還款壓力跟著變大，借款的意願降低，能不借就不借，已經借的則會減少支出加速還款，以免債務越滾越大，形成一股動力讓市場上的資金回流到銀行，產生「收資金」的效果。

最後市場上流動的錢又開始變少，購買力下降，沒人消費導致供給過剩，物價便開始下跌，通貨膨脹最後變成「通貨緊縮」，不景氣又再度來襲，這就是經濟循環與利率升降的因果關係，也是我們常聽到的「升息循環」和「降息循環」。

台灣的央行曾經在 2004 年到 2008 年上半年連續升息了 16 次，銀行定存利率從 1.5％升到 2.68％，但沒想到黑天鵝突然降臨，美國次級房貸引發了全球金融海嘯。台灣央行從 2008 年 9 月開始到 2009 年 2 月連續 7 次降息，銀行定存利率在短短 7 個月內又從 2.68％下降到 1.08％，五年內的利率波動如此劇烈，被視為本世紀第二大的金融災難，僅次於 2000 年的 .com 泡沫。但如果我們把時間回推到 1980 年，當時的定存利率竟高達 12.5％，如果現在銀行用這個數字開辦定存，那股市和房市應該沒人要投資了吧。

相反地，目前正處在有史以來利率最低的時代，從 2008 年金融海嘯後，世界各主要經濟體為了試圖挽救經濟，都採取了低利率制度，各國央行希望藉此將錢逼出銀行，日本和歐元區等國家甚至實施存款負利率，也就是錢放在銀行不只賺不到錢，還要付銀行保管費。而台灣利率雖然沒有降到零，但如果列入通貨膨脹的條件後，也算是「實質負利率」，表示銀行定存利率已無法抵抗物價飛漲的速度。

從 2016 年 7 月以來，台灣利率已經連續 14 季凍漲，利率維持

在低水平，即便股市上萬點的天數屢創歷史新高，投資人早已「習慣萬點」，照理說市場環境應該是欣欣向榮、百業興旺，但利率的變化，卻未反應實體經濟的成長或景氣的擴張，這顯示股市、房市等資產泡沫的風險仍然不小。

而這頭奔跑了十多年的全球大金牛，一夕之間變成熊出沒*。2020 年，2019 新型冠狀病毒（2019-nCoV）疫情在全球爆發，導致以中國為核心的生產供應紛紛停工斷鏈。

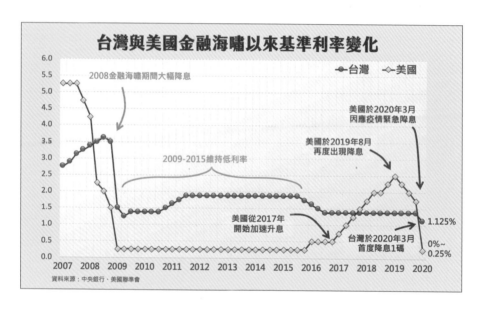

圖表 2-3　2008 年金融海嘯以來，台灣與美國基準利率變化

---

*　「牛市」（bull market）又稱「多頭市場」，指股市或經濟呈現長期上漲多頭格局的向上趨勢；「熊市」（Bear market）又稱「空頭市場」，指股市或經濟呈現長期下滑的空頭格局。

　　從金融海嘯後，美國連續 7 年利率維持在 0％～ 0.25％，直到 2015 年底啟動升息循環，2017 年開始加速，截至 2018 年中，利率已來到 1.75％～ 2％，已回復至金融海嘯後期的水準。

　　2008 年金融海嘯後，為了挽救經濟，美國帶頭實施「量化寬鬆政策」（Quantitative Easing, QE），六年內執行三次 QE，狂印鈔票，把 3.9 兆美元注入全球大泳池裡，經濟還沒復甦，卻先推升了資產價格，全球房市股市屢創新高，債務槓桿所潛藏的危機正蠢蠢欲動。

　　原本聯準會在 2017 年才啟動的升息和縮表*循環，僅僅持續不到 3 年，利率又隨著對經濟的擔憂而跟著急轉直下，美國為了因應流行病對經濟的衝擊，在 2020 年 3 月將利率驟降到 0％～ 0.25％，各國又掀起了一波降息潮。處在這個關鍵時刻的你我，都更需要學會觀察利率變化，因為從物價、薪資到利息，我們無不深受影響。

　　定存利率，代表的不僅是選擇投資工具的機會成本，更關係到企業的獲利能力、單一國家的經濟現況，甚至與全球市場的相互關係，是學習投資理財時必須熟習的基本知識。

---

*　縮減聯準會的資產負債表。

2-3

你現在的「身價」
是正還負？

資產-負債＝身價
100萬-10萬＝正90萬　　100萬-200萬＝負100萬

　　很多人會認為，「設定目標」是投資理財最重要的事，但鼠認為在確定目標之前，更重要的是了解自己現在距離目標有多遠。而了解自己財務狀態最容易的方法，便是計算自己目前的身價。

　　看到「身價」二字，可能會覺得跟自己無關，因為每次在新聞上看到身價後面接的單位都是幾個億，例如米老鼠身價已經達到多少億美元、郭台銘身價有多少億美元……什麼時候自己的名字後面才會出現這兩個字啊？其實說身價有點抽象，更具體來說應該叫「淨值」，也就是「個人資產減去負債」之後的數值。假設鼠現在銀行裡有 50,000 元存款，但這個月信用卡已經刷了 20,000 元，此時存款必須減掉卡費後才是真正的淨值。

　　當然一般人的淨值計算，不只有存款和信用卡帳單，以「資產」來說，來源就可能有很多，絕大部分是薪資、獎金（三節、年終）、贈與繼承（長輩紅包或客人小費等）、機會中獎（買福袋抽中汽車）、資本利得（各種利息、交易所得）、其他（路邊撿到錢）。

　　而「負債」形式就更多了，像是卡費、學貸、車貸、信貸、房貸，還有各種要繳的稅金、保險費、水電費、手機費、會員費……

　　相同的概念也可以用在公司（法人），不管是土地、廠房、機器設備或技術專利都是屬於公司的資產，減去融資、貸款、稅金、已發行的公司債等，剩下的就是公司的淨值，又稱「股東權益」（後面章節會有詳細介紹）。

　　但鼠相信多數人應該都無法馬上回答出自己目前的淨值有多少，但如果改問：你目前的淨值是正的還是負的？我相信大多數人

心裡都會有答案。

如果你可以很肯定答案是正的，不管是正一點點，還是正很多都沒關係，鼠恭喜你的理財之路已經有不錯的開始，但如果很不幸答案是負的，也不需要灰心，至少你很清楚自己目前的狀態。不過鼠建議，從現在開始一定要做一件事，就是「關注你的淨值」。為什麼呢？

因為淨值才是我們真正擁有的，在還沒扣除負債之前，我們的東西並不完全屬於自己，請一定要記住這件事。例如：用貸款買了一間房，表面上是我們在住，但其實大部分的錢是跟銀行借的，就某種意義上，銀行也擁有這間房子的一部分，只是銀行把他們的部分暫時借給我住，以賺取房貸利息。但只要鼠繳不出錢，銀行隨時有權利透過法拍取回他們的那一部分。

也就是說，我們在信用可以自由擴張的環境裡，以為貸款或刷卡分期買的東西就是自己的財產，而忘記自己持有的究竟是淨資產，還是包含了尚未清償的負債。

💰 你的信用，不等於你的身價

2005 年至 2006 年間，台灣發生過「雙卡風暴」，有人戲稱當時信用卡和現金卡是「只要會呼吸就能辦」，銀行發卡浮濫，提供高額的信用額度。鼠印象很深刻，當時有個跟我同期剛入社會的同事，辦一張白金卡核發的額度居然有四十幾萬元。月薪 30,000 元的

上班族，卻擁有四十幾萬元的額度可以隨時消費，是多麼臭屁的一件事。當時最高的循環利息是 20％，比現在還高 5％，而且那時全球正處在金融海嘯前的景氣擴張階段，銀行狂打雙卡廣告，電視每天都在「George & Mary」*。

我還記得當兵時，有一位學長辦了現金卡，他一休假就上酒店，據說還沒退伍就欠了快八十幾萬元，當時借錢太容易，導致很多人都透支信用還不起錢，有的以卡養卡變成卡奴，越來越多人被債務壓垮，最後演變成雙卡風暴。也因為風暴衝擊太大，在 2015 年修法，把雙卡利息上限從 20％調降到現在的 15％，以避免雙卡風暴再次發生。

鼠講這段歷史的意思是，當制度的缺陷加上人性的弱點，很容易讓我們不知不覺陷入負債循環，掉入無底洞難以脫身。我們或許無法期待制度能快速改變，但我們可以克服的是人性的弱點。

現在網路購物已經是家常便飯，刷卡零利率分三期、六期是基本款，加上這兩年最夯的行動支付，現在便利商店、麥當勞都可以手機支付了，出門幾乎可以不需要帶錢包。在不知不覺、不痛不癢的情況下，買了不需要的東西或多飛了一次東京。也就是說，我們現在面臨的消費誘惑，比起十幾年前又更難察覺，更難以抗拒，而且消費門檻越來越低，痛感越來越少，所以默默地讓人越陷越深、負債也悄悄地越滾越大……

---

* 喬治瑪莉是台灣第一張現金卡。

💰 擺脫「負身價」的第一步

如果你的資產減去負債後的淨值為負，而且已經負了很久，那你的收支肯定有哪裡出了問題，鼠建議你立刻做以下三件事：

1️⃣ 整理出所有負債，不管是長期或短期的，可能是學貸、卡債、每個月要繳的房租、水電、孝親費、還有出國旅遊的消費等。

2️⃣ 畫出「負債象限圖」，縱軸代表負債的程度，橫軸代表負債的規模大小，把各項負債歸類在 ABCD 四個象限。

3️⃣ 把會自動膨脹和不重要的項目，用紅色圈起來，列為優先清除項目，例如卡債。

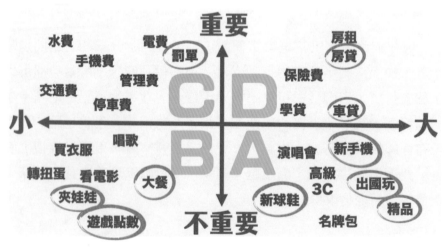

圖表 2-4　負債象限圖

　　負債象限圖，是幫助自己快速釐清負債狀態的一種圖解法（紅圈可能因人而異）

　　透過這種方式把負債重新解構排序，再擬定清除或替代方案，例如今年不出國或舊手機繼續用等，設法讓負債項目從表上消失，特別是有紅圈標記的部分，先讓自己的淨值從長期負數的回歸到零，也就是至少不要負債，再來想如何從零到正，並透過記帳每月檢討收支、開源節流。

　　當你開始真正花心思「關注你的身價」，也就是你的淨值，你會越清楚什麼該花、什麼不該花，往後在面對消費誘惑時，就會知道如何警惕自己，也會知道該用什麼方法幫自己增加淨值，這就是投資理財最重要的第一步！

2-4

不再半途而廢的
滿月記帳法

記帳的週期也可以像月亮盈虧，
抓大放小每個月記一次就好

💰 記帳的本質，複雜的其實是人，不是帳

很多人一提起記帳，都有不少失敗的經驗。鼠也曾經試過很多種，包括最一般的紙本、達人推薦的電子帳本、熱門的記帳APP……但無論我再怎麼堅持，三不五時會漏記，而且只要漏掉一樣就會開始漏掉第二樣，再怎麼仔細，終究還是會忘記。每天回家清點餘額永遠對不起來，反而花更多時間在「回想」漏掉什麼，最後還沒達成記帳的目的，卻先累死自己。

多數人應該都不否定「麻煩」是記帳的必要之惡，為了獲得記帳帶來的好處，就得不厭其煩地輸入各種收支，而且項目的分類越仔細，將來可以分析的結果就越清楚。於是一筆支出，除了最基本的日期、金額、大類、小類之外，還要有支付方式（現金、信用卡、轉帳、悠遊卡、行動支付……）、是否分期、消費地點、消費原因等。

現在網購和行動支付還經常衍生回饋點數和紅利折抵，有的是在消費時現抵、有的則要在刷卡兩個月後才會從帳單折讓。現在的日常收支複雜程度更勝以往，也更容易忘，如果要記到滴水不漏，時間花費勢必更多，光用想的就令人卻步，壓力因此產生，也是很多人記帳屢屢失敗的主要痛點。

💰 記帳究竟是為了什麼？

把事情記錄下來，有兩個原因：一是人腦有其極限，二是為了方便管理。

現在，要你回想前天午餐花了多少錢，並說出精準的數字，沒有記帳的人應該很難回答，因為我們大腦每天要記的事情太多、太雜。許多心理學的研究指出，不重要、重複且瑣碎的項目只會進入大腦的「短期記憶」，如果沒有刻意複誦或者利用相互關聯將之寫入「長期記憶」，在很快的時間內便會消失，就像我們報手機號碼時不會一次念完 10 碼，而是會習慣 4 碼 3 碼 3 碼地說，目的是讓對方好記。

結帳金額也許在你付完錢的 30 秒內，片段記憶很快被大腦清空，準備應付下一個片段記憶，鼠稱它為「瑣碎占用」。記帳就是在短期記憶被大腦刪除前，搶先一步將資訊具體化、脈絡化的過程，而這些逐條記載的消費資訊，都是為了方便最後的管理和分析，藉以檢討收支的流向，也就是記帳最原始的目的。

把利弊放在天秤的兩端，我們一方面希望透過記帳分析金流，以有效管理收支、達到財務目標，但生物本能又讓我們無法花費太多時間和腦力「記得要記錄」，不論天秤向哪一端傾斜，都代表另一側的犧牲，要不乾脆都不記了，要不就是靠意志力，然後撐一陣子就放棄了。

鼠漸漸發現，在這極端的兩邊來回，不斷循環似乎永遠不會有結果，平衡才是終點，關鍵在適度妥協，也就是必須放寬標準。如果瑣碎是記帳失敗的關鍵痛點，那就思考「如何化零為整？」從降低痛感出發，降低瑣碎占用與遺忘壓力的影響，減少意志力的耗損，於是設計出「滿月記帳法」，讓我記帳再也不會失敗。

一個月記一次就好

鼠發現，多數上班族收入的週期是一個月（吃土的週期也是一個月），而多數的帳單包含信用卡、房租、水電瓦斯都是月繳，即便是定期定額的基金或分期定存，也多是每個月扣款。如果這些「大筆收支」每個月都來一次，怎不乾脆搭週期的順風車，每個月整合在同一天一次記錄，省去每天逐筆輸入的困擾，這便是「滿月記帳」的主要概念。

除了時間濃縮，紀錄項目也得「抓大放小」，因為我們很常花一堆時間記了每天幾十塊的消費，其實都抵不過週末一次買 3C、買鞋、買包、吃大餐的花費。所以太細瑣的項目在滿月記帳法裡，都是乾脆不記或化零為整「大概記」就好，把重點放在當月大筆的非計畫性支出的紀錄，且詳列原因和理由，以便未來仔細檢討當時情境與是否真的需要。

從大錢著手的好處是立竿見影、快速有效，比起節省那些分散在每日生活的小錢，大熱天連杯清涼飲料都不准自己喝，結果省一樣的錢，剝奪感和煎熬度卻會放大好幾倍。

不過多少錢叫大、多少錢算小，就得看每個人對細瑣的接受程度。完全沒有記帳習慣的人，剛開始可以從大額開始練習，例如單筆 5,000 元以上才記，不到 5,000 元就放生，習慣之後再練習下降到 3,000、2,000、1,000 元……隨著數字越小，能記錄的項目就跟著越多了，但也不需要詳細到午餐買一瓶養樂多也記，因為這種日常流水帳對收支檢討，不但沒有明顯幫助，還會增加不少時間負擔。

現在行動支付已經非常普及，在便利商店和速食店都可以用手機刷卡結帳，如果集中用信用卡支付，等於是讓銀行幫我們記流水帳，每個月信用卡帳單的消費細目都很清楚，也方便整理和歸納。（見圖表 2-5）

【滿月記帳表】 投資理財從關注淨值開始			2020 年													
			1月	2月	3月	4月	5月	6月	7月	8月	9月	10月	11月	12月	Total	%
資產市值		台幣活存														
		台幣定存														
		基金														
資產總計																
收入		薪資														
		獎金														
		利息 / 股利														
收入總計																
負債	計畫	房租 + 管理費														
		水費														
		電費（每單月 1 次）														
	非計畫	餐飲														
		衣服鞋子														
		機車保養維修														
負債總計																
支出	投資	A 銀行（基金）														
		B 銀行（外幣）														
		C 銀行（定存）														
	消費	A 銀行（信用卡）														
		B 銀行（信用卡）														
		台電														
		房東														
支出總計																
個人淨值																
淨值月成長率 (%)																

圖表 2-5　滿月記帳表

滿月記帳表主要分三大區塊，用紅綠燈的概念標示：

綠色是資產和收入，代表安全通行

紅色是負債和支出項目，代表要小心控制

黃色介於兩者之間，代表會轉變成資產的負債（例如投資）。

詳細的操作教學影片：　　　　　　檔案下載連結：

透過一年一頁、一月一欄的 Excel 表格，不需要複雜難懂的公式或函數，只有簡單的加減乘除，就能輕鬆在每月記帳日紀錄大筆收支，追蹤自己的資產、負債變化，瞭解自己的淨值，在忙碌生活和記帳壓力之間，找到平衡點，把時間用來思考資產配置和理財目標的檢視，而不是花在徒具形式，卻沒有實質幫助的逐筆細帳上。

2-5

投資外幣，
最重要的三件事

你是買家，還是賣家？
賣出或買進!?

💰 匯率看板買進賣出霧煞煞

外幣，除了出國旅遊的需求，也是相當受歡迎的投資工具。

外幣定存利率也比較高，如果能掌握台幣和外幣之間的匯率波動，還有機會賺取利差、匯差。但外幣該怎麼換才划算？得先了解銀行匯兌的原理，圖表 2-6 是在銀行或機場經常看到的匯率看板，通常有四個欄位：現金（cash）、即期（spot）、買入（buy）、賣出（sell）。

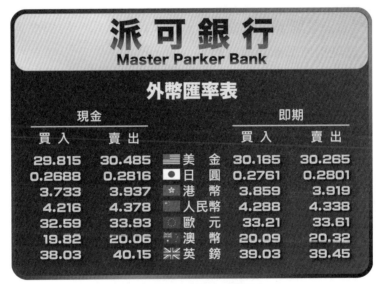

圖表 2-6　外幣匯率看板

「現金匯率」最好懂，就是拿現鈔換現鈔，不管是拿新台幣換成外幣，或拿外幣換回新台幣，都用這個匯率計算。而「即期匯率」

則用於「非現金的交易」，例如：我們想把戶頭裡的新台幣換成美元做定存，這時貨幣之間只有虛擬的數字換算，不涉及實體現金的收付，便是以即期匯率計算。

一般來講，現金匯率一定會比即期匯率差，也就是用台幣現鈔換成美金現鈔會比較吃虧，原因在於現金收付會有偽鈔、遺失、保管、損壞、調度等成本和風險，所以銀行把可能衍生的成本先從現金匯率扣除，這就是常聽到的匯差之一。

所以柴鼠現在出國幾乎不太會換外幣現鈔，一來是用刷的比較方便，匯率不見得比現金差，雖然海外刷卡約有1%手續費，但各家銀行有海外刷卡的現金回饋優惠，很多信用卡的還高達2%～3%，意思是扣掉手續費還有機會倒賺。

二來是現金不夠再從當地ATM提領，鼠曾在日本和泰國當地的ATM用台灣的提款卡直接提領外幣現金（要先開通跨國提領功能），即使加上跨國提領手續費，匯率還是在台灣先換來得好。

如果出國前需要先準備外幣，推薦使用銀行的「線上結匯」功能，可以在銀行網站先換好，到機場銀行櫃台提取現鈔，可省去跑銀行的麻煩。現在更方便的是，許多銀行都設有外幣提款機，用一般金融卡就可以直接提領美元、港幣、日幣、人民幣等常用外幣，而且接受各家銀行的提款卡。

在了解現金和即期匯率的差別之後，接下來就是最容易搞混的「買進」和「賣出」，這難就難在到底是誰買進、誰賣出。不管你在銀行、機場或購物中心看到匯率看板，都要用「對方角度」來讀，

而不是第一人稱的自己。以圖表 2-6 美元現金匯率為例，代表銀行用新台幣 30.485 元賣出 1 美元給你，以新台幣 29.815 元跟你買入 1 美元，用在即期匯率也是一樣。

💰 買賣價差會默默吃掉你的錢

有發現買進和賣出的差異嗎？銀行賣出 1 美元會跟你收新台幣 30.485 元，但你如果立刻又把這 1 美元賣回給銀行，銀行只會還給你新台幣 29.815 元，換一次就損失新台幣 0.67 元。這中間的價差就是銀行的手續費和利潤，而且買進一定小於賣出，即期匯率也是這樣，也就是說，貨幣在每一次來回交換中都會折損，會越換越薄，除非匯率的波動大於買進賣出的價差，否則頻繁地買賣所付出的成本累積起來也會相當驚人。

以臺灣銀行在 2018 年 7 月的匯率為例，鼠計算出幾個主要外幣的價差和價差百分比，可以發現現金匯率價差百分比約 2%～ 5%，即期價差卻只有 1%～ 1.5%，顯示現金兌換的折損幅度相當驚人。

在外幣定存的領域，美金、澳幣和人民幣最熱門，不過目前一年期的定存利率只有 0.5%～ 1.5%，如果扣除表中約 1% 買賣價差後，利息幾乎都被吃光，能期待的只剩下匯差。

幣別	現金匯率				即期匯率			
	買入 (Buy)	賣出 (Sell)	價差 (賣出 - 買入)	價差 % (價差 / 賣出)	買入 (Buy)	賣出 (Sell)	價差 (賣出 - 買入)	價差 % (價差 / 賣出)
美金 (USD)	29.815	30.485	0.67	2.2%	30.165	30.265	0.10	0.3%
日幣 (JPY)	0.2688	0.2816	0.013	4.5%	0.2761	0.2801	0.004	1.4%
港幣 (HKD)	3.733	3.937	0.20	5.2%	3.859	3.919	0.06	1.5%
人民幣 (CNY)	4.216	4.378	0.16	3.7%	4.288	4.338	0.05	1.2%
歐元 (EUR)	32.59	33.93	1.34	3.9%	33.21	33.61	0.40	1.2%
澳幣 (AUD)	19.82	20.60	0.78	3.8%	20.09	20.32	0.23	1.1%
英鎊 (GBP)	38.03	40.15	2.12	5.3%	39.03	39.45	0.42	1.1%

資料來源：臺灣銀行

圖表 2-7　2020 年 2 月，各幣別的匯差

💰 國外消費刷卡，選擇當地幣別最划算

在國外消費刷卡時，有時店員會問你要刷新台幣，還是他們當地的貨幣，此時一定要請他們刷「當地貨幣」，為什麼呢？

假設鼠在日本用中國信託的信用卡買了一台日幣 10 萬元的相

機，這時候會有兩種情況：

第一種是鼠要求店家刷日幣，簽單印出來就是日幣 10 萬元，刷卡當下沒有匯率的問題。之後 VISA、Master、JCB 等國際發卡組織，就會用他們的結算匯率，幫日本店家把日幣 10 萬元換算成新台幣，向中國信託請款，而金額會接近銀行的「即期賣出」匯率，也就是會比現金匯率好。

第二種情況是鼠要求刷新台幣，但相機的價格是日幣 10 萬元，店家在現場要如何知道新台幣應該刷多少呢？此時必須透過 DCC（Dynamic currency conversion）也就是動態貨幣轉換，透過當地的收單銀行即時計算新台幣的刷卡金額，除了匯率比較差，也會有許多不明的手續費，因此換算下來「刷新台幣」會比較吃虧，唯一的好處是可以立刻得知台幣消費金額，不需等待發卡組織結算。

2-6

搞懂美元的匯率走勢，降低投資風險

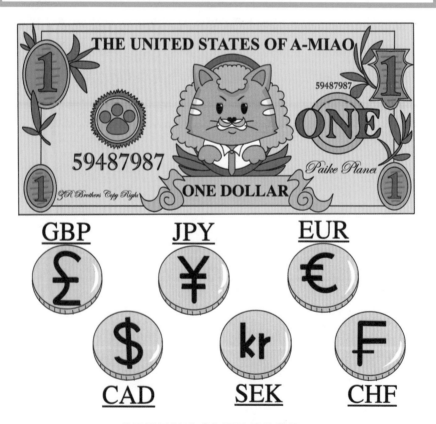

美元是目前地球上最強勢的貨幣，
想做好投資，先認識它

在所有外幣中，美元是流通性最強也最重要的貨幣。許多常見的投資工具，像是海外基金或儲蓄險，同一種商品同時會有台幣和美元的計價。如果投資美股或美債，美元的匯率走勢更是與報酬率息息相關。

💰 美元如何稱霸世界，成為強勢貨幣？

現今，絕大多數的人都出生在強勢美國的時代，只要進入國際領域，小自個人的境外網購，大至公司的貿易往來，以美元結算已是自然而然又理所當然。

但如果把時間倒回一百多年前，或許就沒有人這麼認為了，因為當時世界的中心仍在歐洲，英國是全球第一大強權，英鎊才是當時最重要的國際貨幣。後來歐陸爆發了第一次世界大戰（1914年至1918年），在戰爭期間歐洲各國拿著大量的黃金，跨海到美國，投入各種戰爭準備、購買物資和軍備研發。歐洲強權們因為長期戰爭而國力大傷，財富也隨著大量蒸發，美國因此成為全世界黃金儲備最多的國家，美元的地位開始受到國際重視。

時隔20年後，又爆發了第二次世界大戰（1939年至1945年），美國在戰爭初期一樣扮演了中立角色，又吸納了更多世界各國的黃金資產。

直到二戰結束，美國黃金儲備約占全球60%，這兩大筆戰爭財，奠定美國後來成為世界強權的基礎，也更確立了以美元為主的世界

金融體系。即便後來歐盟成立、歐元發行和新興國家快速崛起，乃至於近幾年標榜去中心化的各種虛擬貨幣，至今都無法撼動美元的地位。

　　根據國際貨幣基金組織（IMF）統計的數據，直到 2019 年第 1 季為止，全球央行外匯儲備貨幣（也就是各國家的存款）有 62％ 是美元資產，歐元占 20％，英鎊和日元合計約占 10％，其他貨幣則只占 8％，由此可見美元的重要性。

💰 以美元為基準的匯率，看升貶值

　　回顧過去 30 年新台幣兌換美元的匯率，在 1992 年曾經一度升值到新台幣 25.163 元兌換 1 美元，在 2002 年曾貶到新台幣 34.575 元兌換 1 美元。

　　國際上，常用「某貨幣兌 1 美元」來表示該幣匯率的升貶，當數字越大，代表需要用越多的該貨幣才能換到 1 美元，意味著這個貨幣越不值錢，所以在匯率表裡「數字往上增加」代表貶值，「數字往下減少」反而是升值。

　　不過許多新聞媒體為了方便解讀，經常會將圖表縱軸顛倒，由下往上的數值變成由大到小，以符合往上升、往下貶的高低邏輯，但不論如何，只要記住增加是貶值、減少是升值的原則就不會搞錯了。（見圖表 2-8）

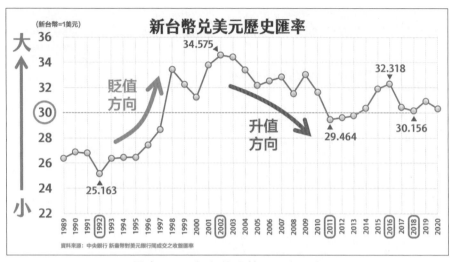

圖表 2-8　新台幣兌美元歷史匯率

　　但匯率是相對的，假設目前是新台幣 30 元兌換 1 美元，反過來就代表 1 台幣可以兌換 0.033 美元。以**本國貨幣來表示他國貨幣的報價方式稱為「直接報價法」**，一般在銀行看到的匯率表，大多是採用這種報價法，即便是國外銀行也一樣。我們就以幣值和台幣最接近的泰幣來比較（新台幣兌換泰幣約 1：1），臺灣銀行和泰國盤谷銀行官網同一天的匯率表，都是約新台幣或泰銖 22.33 元兌換新加坡幣 1 元，兌換 1 歐元也是約新台幣或泰銖 34.2 元。（見圖表 2-9）

　　以他國貨幣來表示本國貨幣的方式則稱「間接報價法」，目前僅有英鎊、歐元、澳幣、紐幣等較常採用，因此在觀察這四種貨幣兌換美元的匯率時，常以「1 英鎊、1 歐元、1 澳幣、1 紐幣兌換多少美元」來標示，所以當數字越大代表升值，數字越小則為貶值，方向與直接報價法顛倒。

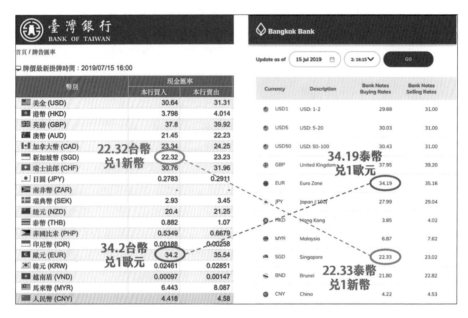

圖表 2-9　臺灣銀行和泰國盤谷銀行「直接報價法」的匯率表

💰 美元指數：觀察美元強弱的指標

　　既然目前各國貨幣，幾乎以美元為基礎來表示升貶，那美元自己升貶要怎麼表示呢？答案就是「美元指數」，這是因應 1973 年

---

* 布雷頓森林體系（Bretton Woods system）是 1944 年二次大戰末期，世界各國為了重建戰後的世界金融體系，透過布雷頓會議建立一個以「35 美元＝1 英兩（盎司）黃金」為固定匯率的交換標準，各國貨幣再透過美元匯率連結黃金，這也是美金一詞的由來。但後來在實行的數十年間，這種波動極小的固定匯率制產生許多弊病，並爆發多次美元危機，導致世界各國紛紛將美元資產兌換回黃金，導致美國的黃金儲備大量減少，最後美國停止美元與黃金的固定掛鉤，布雷頓森林體系在 1973 年宣告結束，世界各國相繼退出固定匯率制，美元指數誕生，全球貨幣進入浮動匯率的時代。

3 月布雷頓森林體系*瓦解之後，用來表示美元在整體外匯市場強弱的一項指標。

採用美國當時貿易往來最重要的六大貨幣，經過加權幾何平均計算而成，現今以歐元（EUR）占比 57.6％最高，其次為日圓（JPY）、英鎊（GBP）、加幣（CAD）、瑞典克朗（SEK）、瑞士法郎（CHF），由大至小我們習慣速記為「歐日英加瑞瑞」。

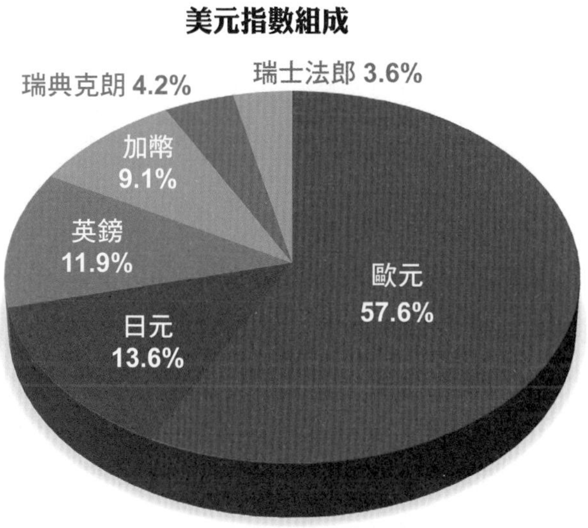

美元指數組成

圖表 2-10　美元指數組成的比率

該指數初始值為 100，常被視為美元強弱的分界線，當美元相對於這一籃子六大貨幣升值時，美元指數就會往上走高，代表美元走強，但要是一籃子貨幣升值（意即美元貶值），美元指數則往下，代表美元走弱。它曾在 1985 年創下史上最高的 165，也在 2008 年

金融海嘯前達到史上最低點 71。以 2020 年 3 月來說，美元指數約
位於 97，代表此時的美元相對於 1973 年貶值了 3％。

　　一般來講，當美國經濟狀況轉好，聯準會（FED）啟動升息，
美國利息變高了，世界各國的資金也會往美國移動，都用他國貨幣
換成美元，最後就會推升美元走強，非美貨幣就相對走貶；反之要
是美國經濟轉弱，FED 決定降息時，也是非美貨幣容易走強的時候。

　　不過在觀察美元指數時，還是要特別注意，因為它只包含六種
國際貨幣，而且成分已經沿用多年沒有調整，光是歐元就占將近六
成的權重，所以美元指數有很大一部分其實是在反應歐元升貶，現
今與美國貿易量很大的中國人民幣與墨西哥披索都不包含在內。

　　即便如此，美元指數到目前還是一個被廣為採用的重要指標，
因為美元不只是國際貨幣的兌換基準，還有許多原物料包含黃金、
石油都採用美元計價，所以不只是金價油價，甚至全球股市的表現，
與美元的強弱更是息息相關。我們在投資各種外幣或是美元計價的
商品前，如果能先瞭解美元的走勢，再有計畫性地提前分批換匯，
就能降低未來潛在的匯差風險。

2-7

儲蓄險，能買到保障 又能存到錢嗎？

儲蓄險就是一種儲蓄商品，
要靠時間和耐心，才能打敗定存

　　鼠有一次到銀行櫃台換存摺，行員邊作業邊說：「先生，補印存摺需要一點時間，我們現在有一個存錢的工具，利息比一般定存好，以你的年紀投保，算下來平均每個月大概只要……就可以……」行員一直講，我還來不及反應，就已經先被輸入一堆聽起來很厲害的關鍵字。更厲害的是，她還可以一邊輸入電腦，一邊持續理性、專業、誠懇地持續分析這項「存錢工具」，偏偏存摺又印得超慢，當下實在難以打斷，只能繼續聽。

　　當天，我車子違規臨停在紅線上，心裡非常焦急，好不容易有機會說：「我有點趕時間，你可不可以印一份資料給我回去自己研究。」這時行員眼睛為之一亮，我忽然發現自己可能是這個營業日唯一想多瞭解一點的人，結果原本不知道坐在哪裡的理專，一眨眼已經出現在我旁邊。他誠懇的笑容加上親切的招呼，我完全沒有說不的機會，存摺還沒拿到，人就先坐進了「理財專區」。

　　我已經記不得後來發生什麼事，但確定的是，我拿到二份不同保額的六年期還本終身保險專案試算表、一張名片、新的存摺，以及一張 600 元的違停罰單，這也是鼠對儲蓄險最深刻的一次印象。

💰 儲蓄險與保險，都是「險」，保障卻天差地別

　　其實在那次之前，鼠對儲蓄險只停留在很粗淺的印象，例如可以還本又有高利率、存錢又有保險等，但後來也因為噴了 600 元買了兩份試算表，才把它們仔細搞懂，這才發現原來儲蓄險根本不是保險，更直接來說，它是一種「把錢放在保險公司，以換取未來報

酬的類儲蓄商品」。

你可能會覺得，這原理不就跟銀行定存很像嗎？沒錯，正因為保險公司不是銀行，沒辦法經營一般的存放款業務，不可以直接接受民眾存款，所以設計一種高保費、低保障的壽險商品，繳保費當存錢，約定一段期間之後壽險保障可以持續增值，保戶透過解約、期滿領回或萬一發生身故失能的情況，來實現類似於存款利息的報酬，這就是儲蓄險。

所以在「存錢」的前提下，即便真的發生需要「壽險理賠」的情況，儲蓄險可以提供的，也大約是已繳保費，再加點零頭賠償家屬。如果以年化報酬的角度（雖然用報酬怪怪的），平均換算約1%～3%。意思是，六年繳了100萬元買了這個「壽險」，但身故只會賠103萬元，保單放久一點，可能會再稍微多賠幾個%。

但同樣的百萬壽險保障，30歲投保10年期的定期壽險，可能每年保費不到1,000元，是足足1,000倍的槓桿！所以絕對不要期待儲蓄險，可以發揮如純保險一般的風險轉嫁功能，同樣都有個「險」字，但內涵卻天差地遠，這是買儲蓄險之前一定要知道的事。

💲 買儲蓄險，卻常忽略的風險

即便瞭解儲蓄險的原理，很多人還是喜歡用它來「強迫儲蓄」或「打敗定存」，這是一般人在接觸儲蓄險時，最常用聽到的行銷語言，但那並沒有騙人喔！只是實話只講了一半，還有不好說的另

一半，就得靠自己做功課判斷了。其中又以「閉鎖期」和「IRR」最重要，我們用那天被開紅單換來的商品試算表，畫成圖表就更一目瞭然。

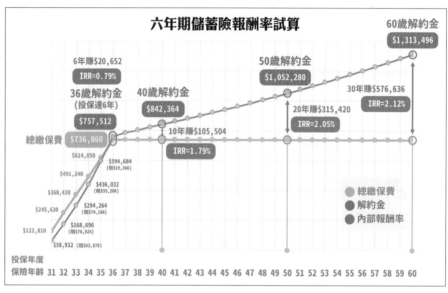

圖表 2-11　六年期儲蓄險報酬率試算

理專幫鼠規劃的這份是六年繳期，年繳 122,810 元的利變型增額終身壽險，平均每個月約存一萬多元。

一般儲蓄險分成兩種繳款（存款）方式：「躉繳」和「期繳」。躉繳代表一次繳清，期繳最常見的就是六年，大多有一個特性，就是繳費期間內解約不保本。

以圖表 2-11 來說，第一年期滿解約只能拿回 58,932 元，約已

繳保費的 48％，又稱為「保本率」，第二年解約的話，保本率會提高到 68％，第三年約提高到 80％，要撐到第六年，解約金才會高過已繳保費，也就是期繳的商品要是提前解約，不但沒得賺還會折損本金，而且越早解賠越多，所以在達到保本之前，「被套住」的這段時間就稱為「閉鎖期」，等於這筆錢要被鎖六年，失去流動性，這也是儲蓄險最致命的缺點。

很多人以「強迫儲蓄」為前提購買儲蓄險，總是吃了秤鉈鐵了心，也容易因此高估風險承擔能力，說好一段時間內不能解約，但往往因為各種突發理由急需用錢，而忍痛提前解約。

因為六年的時間並不短，三十出頭的小鮮肉都成了中年大叔，中間會發生什麼事很難講，如果沒有把握繳期內不會動用這筆錢，建議把儲蓄險的配置比例降低，並保留一部分做為緊急預備金放在銀行定存，利息雖然低，但至少在任何時候解約都不傷本金。

💰 定存利率、預定利率、宣告利率的差異

說到利息，最常和儲蓄險比較的，就是銀行定存利率。但保險公司不是銀行，即便儲蓄險是一種以儲蓄功能為核心的保險商品，仍然無法聲稱自己具有儲蓄利率。所以在儲蓄險常聽到的預定利率、宣告利率和內部報酬率，跟銀行存款利率截然不同，不能因為都有利率二字就胡亂把它們放在一起比較。

任何保險商品在設計時，一定會經過各種「精算」，因為保險

公司收了保費，會拿其中一部分的錢在台灣和世界各地投資，不管是股票、債券或房地產，再把可能的獲利轉換成「保障」提供給保戶。可是保險公司也會有投資失利賠錢的時候，所以對未來投資報酬率的預估就非常關鍵，而利率就是影響未來報酬率的重要指標。

如果市場利率很高，不管買債券、股票、房地產等報酬水準都很高，保險公司獲利條件比較好時，提供一樣的風險保障，需要收取的保費就不需要那麼高，因為保險公司可以自己從外面賺錢來攤平，保單自然就便宜。

但如果大環境的利率普遍都低，甚至零利率，保險公司收了這一大堆保費，不管存放銀行、投資股票、債券、房地產賺到錢變少了或根本賺不到錢，但一樣要提供相同的保障，自然就要對保戶多收錢，才能平衡保單可能的損失，於是保險就變貴了。

「預定利率」就是保險商品在一開始規劃時的計算基準，也就是保險公司先推估一個未來的利率、死亡率、費用率，才有辦法計算這項商品應該設計多少保障，保險公司才不會賠錢。

預定利率的數字是恆定的，從一項商品一誕生就不變，所以每項保險商品的預定利率高低，跟當時的利率環境有很大的關係，這也是為什麼我們總會聽到長輩說，以前的保險好便宜，是因為台灣過去的利率水準很高。

三十幾年前，光是把錢存在銀行定存，一年就有十幾％的報酬。鼠還特別去翻了一下 14 歲時，父母幫我買的增額終身壽險保單，當時的預定利率竟高達 8％！現在根本買不到這種商品了，因為賠錢

的生意沒人做，現在新出的商品預定利率能有 2％ 都算不錯了。

預定利率的計算包含其他許多保險公司的衍生費用，所以它不等於買這個商品的報酬率，也不能跟銀行利率比較，因為銀行利率多少就是多少，不會有隱形費用。不過倒是可以當作保險商品之間的比較指標，保單的預定利率越高，同樣保障所需的保費就相對越少，所以如果現在還有早年買到的高預定利率保單，比起現在都是超便宜的，千萬不要解約，因為以後再也買不到了。

近年很流行一種利率變動型商品，也就是保險公司會根據實際投資的狀況，扣除相關成本之後分紅給保戶，並以此宣告一個報酬率，這就是「宣告利率」。正因為是根據實際投資的結果，所以宣告利率不固定也不保證，保險公司每個月都會更新，屬於額外的增值，完全無法預期，所以不能把它視為保單的投資報酬率。

💰 最重要的是「IRR 內部報酬率」

如果要把一張保單的投資報酬和定存放在一起比較，必須先年化之後才公平，定存利率本身就是年化的數值，假設為 1％，不論是複利或單利，都是每年 1％，不論 10 年、20 年，年化之後的投資報酬就是 1％。

但保險的邏輯跟定存剛好顛倒，它是直接把每年「已繳保費」和「解約金」數字全部在試算表列出來給你，如果我們想要從解約金回推年化報酬率，拿來跟定存相比，絕對不是把「解約金減掉已

繳保費，除以已繳保費，再除以年數」，因為儲蓄險的解約金不是
每年依固定比百分比遞增。

如果要計算出儲蓄險真正的年化報酬率，又稱為「內部報酬率」
（Internal Rate of Return，IRR），就必須透過複雜的公式開根號回
推，現在只要在網路上搜尋「IRR 計算機」就能免費試算。

再以前面的商品為例，鼠分別算出 6 年、10 年、20 年和 30 年
期滿的年化報酬率，這時再拿來跟定存利率一比，會發現兩件事情：

撐不過七年不如直接放定存

除了前 6 年解約要賠錢，要到第 7 年 IRR 才會達到 1.38％，勉
強打敗定存一點點，而且要擔負長達 7 年的流動性風險，似乎很不
划算。

放越久，報酬率越高

這就是定存輸給儲蓄險的部分，因為市場要是不升息，定存報
酬率存再久都不會增加，但儲蓄險的報酬率卻會隨時間持續上升，
40 歲解約的 IRR 就提高到 1.79％，60 歲解約時可以達到 2.12％，
是定存的兩倍。

總結來說，儲蓄險是典型的中長期投資工具，從前述各種角度
分析，都非常不利於短期持有，在購買前請務必仔細考慮清楚，如
果不是 7 到 10 年以上都不會動用的資金，就不適合買儲蓄險，存銀
行定存還比較乾脆。

PART 3

幫財富開外掛，
打造被動收入
——基金、股票

3-1

投資基金，
就像跟團旅行

如果跟團旅行是懶人旅遊法，
基金投資就像懶人投資法

很多人旅遊經驗的累積都是從「跟團」開始，從小學中學期間的各種校外教學和畢業旅行，到出社會之後的員工旅遊，我們依照專業領隊和導遊的行程安排，從證件、交通、景點、食宿、語言、時程……還有很多旅途各種注意事項，全都由他們一手包辦。

前往從沒造訪過的地方，不管是冰島、肯亞或不丹，「交給專業」確實是一種相對安心的旅遊策略，我們只需要專注在行程的體驗，留下最美好的旅遊記憶，各種瑣碎狀況或雷區禁忌的發生機率，都可以降到最低，這成為了許多「忙人」出遊的解決方案。

來到投資理財的世界，一樣也有各種不同的「國度」，有著各種千奇百怪又難以理解的金融商品，講著完全不同的語言：在「定存國」講的利率、單利複利、本金利息；來到「債券國」則講信用評等、殖利率、違約風險、兌付方式；再走到「股票國」講的是基本、技術、籌碼、消息；如果你還有興趣到「期貨國」看看，他們會說合約、口、建倉平倉轉倉、保證金等。

雖然在網路普及的現在，要搞懂這些語言並不困難，但對於完全沒概念的新手來說，從零開始到能自己買賣操作，還是得花不少時間，而且從搞懂遊戲規則到能夠賺錢獲利，中間還有很漫長的一段路要走，不是每個人都有時間和能耐可以撐到最後　刻，這時「共同基金」（Mutual Fund）就出現了。

它是一種由基金公司，也就是常聽到的投信（證券投資信託公司），向一般投資人募集資金之後，再由機構內的專業基金經理人，針對某一特定主題、區域、類別，進行集中投資操作的金融商品。

如果用剛剛的比喻，投信就是旅行社、基金經理人就是領隊和導遊、投資標的就是旅遊的地點。一群投資人透過基金，獲取經理人專業操作所帶來的報酬，也共同承擔可能產生的風險與損失。

💰 當懶與複雜同時成立，專家才有存在價值

在了解基本原理後，你會發現，一票投資人、專家和投資標的三者之間存在一個有趣的關係：**這一票人必須對投資所知有限，專家才有存在的價值**；相反地，如果這一票人自己就很會，此時報酬誘因大於時間成本，自然會吸引他們跳過專家自己進場操作，專家就失去空間。

多數人對投資標的「所知有限」，原因要不是投資標的真的太複雜、太專業、太難搞懂，要不就是投資人很懶，根本沒時間了解。也因為「懶」和「複雜」同時存在，而且極為普遍，所以「懶人投資」或「簡單獲利」總是成為專家達人的故事主軸。只要其中一項消失，專家就立刻失去角色，例如一群不懶人遇上複雜的商品（如期貨選擇權），不懶人就會自己想辦法弄清楚，要是懶人遇上簡單容易的商品（如銀行定存），更不需要專家了。

其實，在投資基金的過程，像在投資一家公司，基金的類別像是上市公司的營運項目，基金經理人則像一家公司的董事長或總經理，基金的淨值就和公司的股價類似，上市公司會發股利、基金也會配息，許多面向都是相同的道理。但不同的是，投資基金不會有太多技術面、籌碼面、消息面等複雜資訊需要煩惱，但在股票和期

貨的世界，每天資訊都多到可以塞爆你的大腦。

在這樣描述下的基金，有點類似實驗室的真空環境，抽離許多會干擾結果的外在變因，幫助研究人員，也就是基金投資者，理解波動漲跌的因果關係，而這正是鼠認為基金可以讓初學者養成投資能力的重要原因！

當然，基金更受歡迎的包裝原因還是「**懶人投資、不必擇時**」，如果套用八二法則，那就不難理解，同樣透過「簡化投資」而節省出來的時間，應該只有兩成的人會用來探索損益的為什麼，大部分人則是**懶得知道為什麼**。

💰 基金交易與投資管道

但不管你是想當二還是八，最基本的交易知識還是要搞懂，基金的買賣又稱為「**申購**」與「**贖回**」，並以**受益權單位**（簡稱單位）和**單位淨值**來計算。

例如鼠在 1 月領薪時，花了 3,000 元申購了一檔派可星球基金，目前的單位淨值是 30 元，在不考慮各種交易費用的前提下，鼠申購完成後，基金帳戶裡就會多出 100 單位（3,000 元 ÷30 元）的派可星球。到了 2 月發薪日，鼠又拿出 3,000 元申購派可星球基金，但這個月淨值上漲到了 33 元，所以鼠可以獲得 90.91 個單位（3,000元 ÷33 元）。到了 3 月淨值下跌到 28 元，3,000 元可申購 107.14個單位，三個月累積了 298.05 個單位。

派可星球基金	1 月	2 月	3 月	總計
申購金額（元）	3,000	3,000	3,000	9,000
申購時淨值（元）	30	33	28	
申購單位數	100	90.91	107.14	298.05

圖表 3-1　連續三個月以 3,000 元申購派可星球基金

　　固定時間以固定金額申購基金的投資方式，就是常聽到的「**定
期定額**」或「**定時定額**」，一般大多是每月扣款申購一次，最常見
的扣款金額是 3,000 元和 5,000 元，不過還是會依照商品和投資方
案的不同而有所差異。

　　但不難發現，定期定額最重要的功能就是貴的時候少買、便宜
的時候多買，例如 2 月變貴了，入帳的單位數就比 1 月少，等到 3
月便宜了，單位數又增加了，透過這樣一來一回去抵銷掉淨值的波
動。這樣的申購方式，可以讓投資人節省許多追蹤淨值表現的時間
和煩惱，只專注在持續的申購和單位數的累積，就像存錢一樣，所
以常被稱為「懶人投資法」。

　　不過我們認為投資還是不要太懶惰，尤其是很多被包裝出來的
行銷語言，常常只講了甜蜜的那一半，絕對不要「以偏概全」照單
全收，因為定期定額並不是萬用藥，後面會有專門的章節分析。

　　除了可以向發行基金的**投信**申購基金，我們也可以透過各大銀
行、基金平台（又稱基金超市）、投顧、證券商等管道進行申購
或贖回。只不過這些通路還是有各自的優勢和適合族群（見圖表

3-2）。

基金投資 五大平台 比較	銀行	基金平台	證券商	投信／投顧	保險公司
優勢	★商品齊全 ★有理專服務	★商品齊全 ★折扣優惠多	★已有證券往 來較為方便	★商品資訊最 專業完整	★可整合保險 ★業務員服務
缺點	較其他通路多 0.2% 信託管 理費	無諮詢服務 全自助式	商品相對較少 （視合作投信 而異）	僅銷售自家商 品	前置及手續費 用相對較高
適合屬性	✓希望透過銀 行專業規劃 及整合資產	✓偏好自行研 究比較與配 置的投資人	✓習慣與券商 及營業員往 來的證券投 資戶	✓對單一公司 系列商品有 深入研究的 投資人	✓以保險為主 要資產配置 者

圖表 3-2　投資基金五大平台比較

　　過去數位金融不發達時，銀行是最重要的基金銷售通路，但隨著網路和智慧型手機的普及，以及法規逐漸開放，近幾年投資人對基金平台的接受度也越來越高，國內最著名的三大平台分別是：具官方色彩的「基富通」、民營的「鉅亨買基金」和「先鋒基金」。

　　傳統銀行隨著網路銀行的設置和新興的數位銀行＊，或許還能保

＊　網路銀行就是實體銀行的延伸，讓一些簡單的銀行服務，例如查詢存款餘額、信用額度、轉帳、繳費等，甚至是預借現金、申辦信貸或信用卡，都可以透過網路 24 小時進行，而不用在限定的營業時間到銀行排隊辦理，但本質仍是傳統銀行。而數位銀行則比較像是傳統網銀的進化版，主要標榜無摺服務，所以只要透過網路，不需臨櫃就可以完成開戶，還可以購買外幣、基金等理財商品，而且整合 APP 和行動技術提供更多元的數位服務體驗。

有一定的主場優勢，但隨著基金平台交易成本的持續下殺，上架商
品也高達數千檔，在這些平台申購基金像在逛購物網站一樣簡單，
對基金投資人來說，也是相當值得考慮的管道。

3-2

新手從基金開始練習，
鍛鍊三種本領

系統化認識不同主題基金，
要像吃粽子一樣，吃完一串，再吃另一串

認識了基金的原理，會發現它相對於波動比較大的股票，以及比較穩定的保險和定存，基金可說是一種介於兩者之間投資工具，而且鼠很建議完全沒投資基礎的新手，可以從基金開始練習，為什麼呢？因為鼠早期的投資經驗就來自於基金，如果現在的我，在股票投資具備了什麼獲利能力，很大一部分要歸功那幾年在基金的累積，反而啟蒙我對台股投資的興趣和樂趣。

對鼠來說，基金和其他工具相比，更能從中獲得三種本領：

❶ 長期規劃

❷ 投資眼光

❸ 國際視野

首先，基金持有的都是大範圍的標的，反應的是特定區域或商品的**趨勢**，既然是趨勢，就代表需要一定的時間才能確立，因此屬性偏向長期持有，需要好幾年才會看得到顯著的報酬，**不利於短期進出操作，很適合用來規劃中長期的理財目標、培養「恆毅力」**，這是鼠發現許多投資贏家共同的特質，也是最值得新手鍛鍊的本領。所以當你買了一支基金，請至少給予三個月的時間，觀察它的績效表現，而不是買幾天有賺就急著贖回，或出現短期虧損就覺得想放棄，這樣都無法享受基金隨時間累積的強大威力。

接著，不得不談基金的數量，目前在基金平台可以選擇的商品高達三千四百多檔，而且還在持續增加中，勝過台股所有上市櫃公司加總的一千七百多家。在基金大賣場裡，有分全球、區域、國家，

也有分股票、債券、貨幣，還有分台幣、美金和其他外幣，要兼顧趨勢，還要考量風險。**如果你能在基金投資上一直賺錢，相信你的投資眼光也不會太差。**

最後，可以留意基金的名稱，經常都是一大串，例如「柴鼠新興市場高收益債券基金（月配現）（美元）」，包含發行公司、投資區域、投資型態、是否配息、計價幣別等。你要看懂這支基金，得知道什麼是新興市場，什麼是高收益債，還得知道美元走勢才能做決定。

而偏偏這些條件都是一個牽動另一個，例如：美元走勢跟美聯儲的利率決策有關，利率升降又連結到通膨，通膨又是經濟成長的產物。與其說我們是透過基金投資了某個領域，不如說是藉由基金練習讓思考跨出既有的格局，不論你打算研究到多深，或多或少都能累積**對國際環境和產業變化的興趣**，對新手來說，光這點就超值得了。意思是，基金是鼠用來熟悉投資市場的敲門磚。

💰 粽子投資法，系統化學會各種類別

但基金有數千支，各式各樣類別，對沒經驗的新手來說，可能還是不知道該怎麼入手，鼠用過去準備大學聯考的經驗來解決基金選擇的問題，我稱為「**粽子投資法**」。意思是先選定一個大主題，然後以它為核心向外延伸，就像抓住粽子頭就能拉起多顆粽子。

舉例，鼠當時選的主題就是「新興市場」，原因是台灣也在新

興市場的範圍內，對當時的我比較容易理解。除了基本的定義，可以延伸到很多方面，包含區域國家、經濟發展、產業結構、人口組成、政治局勢等。在那段時間，我會集中研究新興市場的資訊、特別關注相關的新聞，最重要的是透過自己親手選的「新興市場基金」，體驗投資新興市場的感覺，設法讓自己變成新興市場達人。

等我對這個主題的知識已經累積到一定程度，就換到下一串，如「原物料」，同樣展開一大串原物料粽子，也實際申購原物料基金，直到成為原物料達人之後，再繼續吃下一串粽子。這樣的好處是，可以針對每一個主題進行系統化地深入了解，而且自己花錢買了，賺賠都會特別有感覺。基金的分類不外乎就那些，學一個就會一個，試過之後，很快就能發現自己的興趣類別是什麼了。

鼠整理出基金常見的主題，風險區分為低、中、高，如果你不知道怎麼開始買基金，也許可以試試從圖表 3-3 的排列組合，先找出一個有興趣的主題，再往下延伸。

基金是一個相對穩定的投資工具，沒有股票複雜的技術或籌碼分析，而且門檻也比股票低，可以幫助初學者在風險較低的環境裡，更專注在長期趨勢變化的因果關係，對養成恆心和紀律有不小的助益！不論申購的基金現在是虧損或獲利，這些帳面上的損益，就是參與市場的過程。

鼠認為「賠錢」的積極意義，是可以激勵自己探索虧損的原因：有可能是自己進場時的成本太高、有可能是市場需求減少導致價格下跌、或因為匯率升貶而產生的匯兌損失……，歸納出的觀點深淺都沒關係，重要的是讓自己因為這筆投資，而對特定市場產生興趣，

區分方式	市場區域	傳統產業類型	新興產業類型	投資型態	投資策略	計價幣別
低風險	全球	原物料 能源 天然資源	高科技 綠能 醫療	債券 貨幣	保本型 平衡型	美元 歐元 日元
中風險	【區域市場】 新興市場、新興亞洲、拉丁美洲、東協、金磚四國、大中華、亞洲、歐洲、亞太	礦業、農業 工業、消費 金融 公共事業	生技 太陽能	股票 指數 目標到期債	積極 成長型	人民幣 台幣 紐澳幣
高風險	【單一市場】 美國、中國、台灣、日本、英國、印度、印尼、俄羅斯、巴西…	黃金、石油 黃小玉、鋼鐵 貴金屬、水資源	Fin Tech 人工智慧 機器人自動化	組合型 高收益債 不動產 證券化 特別股	成長型	南非幣 其他貨幣

圖表 3-3　基金常見的主題和風險

學會分析資料和消息，這樣就算繳學費也是心甘情願。

3-3

用看食品外包裝的邏輯，
挑選基金

買食品前，要看一眼成分標示；
買基金產品前，得先搞懂這些標示是什麼

　　有接觸過基金的投資人，應該會對滿坑滿谷的基金標的印象深刻，尤其是同一支基金不只依照計價貨幣分成美元、歐元、英鎊、澳幣，還可以依照手續費結構變出 A 股、B 股、C 股、C2 股⋯⋯，好不容易篩選出一支，結果又長出三支，再度跌入選擇障礙的無盡深淵。這時，透過標準化的評價，可以幫投資人在眼花繚亂的層層包裝中，快速獲得必須瞭解的關鍵資訊，做出相對理性的選擇。

　　只不過在基金網頁上，常看到的各種風險報酬等級和指標，有些直觀易懂，但有些則像麥田圈一般，難以被地球人理解，最後只能被眼睛自動略過。但如果試著用食品外包裝的邏輯，把複雜的項目，分成三種分類：最常見、最基本和最實用，會更簡單好懂。

💰 最常見的 RR、晨星、理柏

　　如果在食品或飲料上印有小綠人標誌的健康食品認證，代表那是經由衛福部審查，通過具有特定保健功效的食品，而在基金領域也有專業機構，會根據不同的評估指標，將基金商品分級的標示，方便投資人快速評估商品的風險報酬屬性，最常看到也一定要認識的就是 RR（Risk Return）、晨星（Morningstar）和理柏（Lipper）。

RR 風險收益評等：風險高低的提醒

　　中華民國投信投顧公會依照三大項目進行評估：基金類型、投資區域和主要投資標的／產業，再根據風險收益屬性由低至高，區分為五個等級：RR1、RR2、RR3、RR4、RR5。

　　鼠以前經常忘記數字多寡和風險高低的關係，後來把 RR 換成「啊啊」就再也不會忘記。如果在家看到小強忽然跑出來，可能只有「啊啊」，但如果把鼠推上美國大峽谷的透明天空步道（高度有兩棟台北 101），可能就會啊啊啊啊啊啊啊啊啊，也就是 5 個 RR，越恐怖的 RR 越多。

　　要特別注意的是，這項指標的主要三大評估依據都是類別，並不包含流動性或信用風險等因素，也不是依照實際個別商品的績效表現進行量化計算，所以這項指標更像是「分類提醒」。就像電影有分劇情片、恐怖片和喜劇片一樣，可以幫助我們快速瞭解一個基金或 ETF 商品，其所屬類別的風險收益程度相對高低，但不適合用來當作評估單一商品投資的唯一依據。

晨星：從報酬、風險和費用三方面評估

　　晨星（Morningstar, Inc.）是一家全球金融服務公司，總部位於美國芝加哥，他們會根據成立滿三年以上的基金，從三面向進行評估：報酬、風險和費用，給予「晨星星等評級」（Morningstar Rating）。從最低 1 顆星到最高 5 顆星，這比起 RR 就直觀很多了，跟飯店星級很像，越多顆星越好。該評級最重要的特色，除了全部採用客觀的歷史數據進行量化計算，還納入費用的因素，並透過相近基金的分組比較，所訂出的星級評等。

　　同組別內的基金，得分由低到高按照常態分布，得分最高的前 10%可獲得 5 顆星、前 22.5%獲得 4 顆星、中間 35%獲得 3 顆星、後 22.5%獲得 2 顆星、最後 10%獲得 1 顆星。

藉由星星數，可以大致瞭解某支基金的過去績效是在資優班、前段班、普通班或放牛班，但關鍵是「過去績效不代表未來績效」，能長期維持在資優班拿 5 顆星的基金並不多，5 顆星也絕非日後報酬的保證。

晨星公司也在星級評等的說明中特別提醒，如果一檔基金從 5 顆星變成 4 顆星不一定代表績效變差，有可能是其他同組基金表現更好而影響排名。換句話說，如果基金組別平均都是負報酬，那就算拿 5 顆星也不代表績效就會是正的，因為它是一種相對指標，不是絕對等級，需要特別留意。

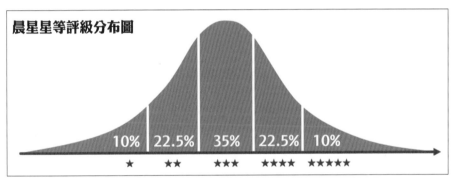

圖表 3-4　晨星星等評級分布圖

理柏評級系統：優先考量投資人的風險偏好屬性

理柏（Lipper）是美國的金融服務公司，其評級系統優先考量了投資人的風險偏好屬性，分成三種評級：適合積極型投資人的總回報評級、穩健型投資人的穩定回報評級與符合保守型投資人的保

本能力評級，再各自針對報酬、風險、費用等項目進行評等，還必須成立滿三年才會納入。

理柏依照得分進行同組的高低分級，但採用的是平均五等分，也就是同類基金中表現最好的前 20％可以獲得第五級 Lipper Leader 的優秀稱號，其次的 20％為第四級，依此類推，表現最落後的 20％為第一級，數字越低相對越差。

Lipper 評級	3 年	5 年	10 年	整體
總回報	④	③	③	④
穩定回報	④	⑤	④	④
保本能力	⑤	④	⑤	⑤

圖表 3-5　理柏評級系統

這類似打電玩在人物選角時常見的攻擊力、體力和防禦力，喜歡在遊戲中採取主動快速進攻的積極型玩家，就選攻擊力（總回報）高的角色、喜歡走防守回擊策略的玩家就選防禦力（保本能力）數值高的職業，要折衷兩者就選體力（穩定回報）好的，當然如果有一個職業角色是三個項目都拿到五級 Lipper Leader 就更好了。

💲 最基本的標準差和 Beta 係數

除了各式各樣由專業機構評定的認證和標章，其實基金也有標

準化的數據可以讓投資人進行風險評估。就像超商便當上的熱量標示，如果正好在減肥，一個動輒七百大卡的炸雞腿油飯便當，再誘人美味都沒勇氣拿，還不是要認份吃只有三百大卡的蔬菜輕食便當。如果吃東西都知道要看一下最基本的熱量，那買基金就不能不懂標準差和 Beta 係數。

標準差：預期投報率的波動

標準差（Standard Deviation）以前只出現在數學課，原本以為上大學選文科，再也不會遇到了，但沒想到基金的世界還是逃不了。還好現在已經不需要再回想標準差究竟怎麼算，可以用更直觀的波動度來理解，也就是當一項商品的標準差越大時，代表距離平均標準的離散程度越大，不確定性越高。

例如 A、B 兩支基金預期報酬率都是 5％，A 基金的一年期標準差是 10％，那代表 A 在過去的表現可能在 -5％～ 15％之間波動，但 B 基金的標準差是 30％，波動劇烈程度可能會有 -25％～ 35％，所以就一般長期投資來說，在同樣的預期報酬下，標準差通常是越低越好。

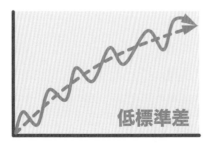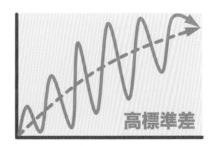

圖表 3-6　利用標準差的波動程度選基金標的

如果想進一步瞭解各種基金的標準差，只要登入「基富通」*，就可以透過進階篩選的功能，將三千多檔基金依照標準差高低排列。你會發現標準差最低只有 0.01，清一色都是貨幣型基金，而最高的可以到三十幾，很多都是以南非幣計價的單一國家股票型基金，不僅是計價幣別本身波動大、投資型態和投資區域也是相對高風險，眾多因素加起來標準差要不高也難。

Beta 係數：對應整體市場波動的敏感度

同樣用來表示商品的波動程度，標準差是跟自己的平均比，Beta 係數則是跟整體市場比，用來表示單一商品對應整體市場波動的敏感程度。透過 Beta 係數，投資人便可以衡量這支基金在遭遇如金融風暴、軍事衝突、經濟週期、疾病天災等系統性風險時，能夠抵抗市場波動的程度，就像車輛的避震器一樣。

Beta 係數是以 1 為基準，當數值等於 1 時，基金的漲跌表現幾乎與市場表現相同，而 Beta 值 1.5 代表當市場上漲或下跌 10％時，基金會漲跌 15％；如果 Beta 只有 0.5，則市場漲跌 10％時，基金會漲跌 5％，數值高於 1 越多，代表這支基金相對整體市場波動越大，越接近 1 則與市場波動越接近，小於 1 則對市場較不敏感。

---

* 基富通是一個由台灣集中保管結算所、證券櫃台買賣中心和三十多家投信投顧，在 2016 年共同籌設成立的基金銷售平台，為集保結算所的子公司，具有半官方的色彩，目前與民營的鉅亨買基金、先鋒基金並列台灣三大基金平台，又稱基金超市。

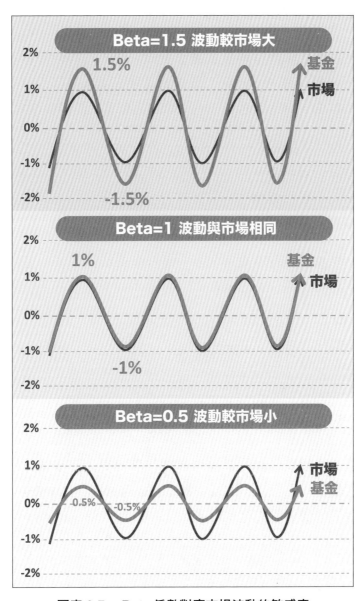

圖表 3-7　Beta 係數對應市場波動的敏感度

💰 最實用的夏普指數

光會看食品認證和熱量其實還不夠，真正的高手還會看營養標示表，上面都有每 100 公克／毫升的含量，透過同單位的換算，很快就能比較出不同商品之間，哪一項商品每單位的營養價值更高。

基金的夏普指數（Sharp Ratio）就是類似的概念，代表投資人每多承擔一分風險時，可以獲得幾分高於「無風險利率」*的報酬率，又稱為「超額報酬」。其計算方式是將基金的總報酬，先減去無風險報酬，最後再除以基金的標準差。

如果夏普指數算出來等於 0，代表這支基金每多一分風險獲得的報酬與定存相同，超額報酬則不存在；如果是正數，代表該基金的報酬產出能力高於定存，而如果是負數，則輸給無風險的定存。

簡單來說，就是 **CP** 值的概念。因為投資的報酬和風險經常是正向關係，想要獲得越多報酬，就要承擔越多風險，但如果兩項商品承擔一樣程度的風險，其中一項獲得的報酬比較少，那這項商品對投資人來說就相對不划算，也就是說，夏普指數越高越好。

不過不同類型基金的夏普指數往往落差很大，建議還是要在同類型中比較才具有意義，因為一樣每 100 毫升都含 3.5 公克蛋白質，牛奶和豆漿的價值就完全不同了。

---

* 無風險報酬（Risk-Free Rate of Return）或稱「無風險利率」，意指一項沒有風險的投資，理論上可以獲得的投資報酬率，通常會用定存、國庫券、政府公債的利率為代表。

　　選擇基金，除了要認識基礎的分類、評級標示和數值指標，各種費用更是不可或缺，也是影響報酬率的一大關鍵，後面有專門的章節和 ETF、股票一起比較。

3-4

股票小學，教你搞懂
遊戲規則和基本術語

股票的交易就像在市集裡，
買賣雙方依各自覺得合理的價格，買進或賣出商品

💰 令人好奇又充滿問號的「大人の領域」

對很多投資新手來說，股票市場是個既令人好奇，又充滿問號的「大人の領域」。

鼠還沒接觸股票之前，對股票的印象大多來自新聞媒體，總是看到一堆數字圖表花花綠綠，感覺每天都在殺進殺出、上沖下洗，充滿了炒作與投機，直覺總是告訴自己風險很大不要碰，或是覺得太麻煩懶得研究。

後來，我開始研究投資理財，接觸許多投資商品之後慢慢發現，很多時候一種工具被設計出來，往往是為了一個單純的目的、被用來解決一種問題，可是在加入了人類的七情六慾和無限創意之後，經常會衍生出許多其他意想不到的用途（如放空、當沖），最後還能自己變化成各種新工具（如權證、ETF），而股市也正是因為充滿了人味和趣味，所以也充滿凶險。

不過，我們還是得回到原點，從零開始。其實股票是為了區分「所有權」而存在的一種憑證，代表擁有某間企業或公司的一部分，每一股有一個初始的發行價格或稱「票面價」，所以股票才會是一種有價證券。這就像電影門票或機票，持有票券的人擁有一個座位，可以依照規定行使入場觀看或登機搭乘的權利，只不過電影和航程在幾個小時後就會結束，而老牌企業的存續卻可能超過百年，經常比投資人的壽命還長。

因此，股票除了可以分割抽象的權利、證明投資人擁有這份權利，也讓這份權利有了「轉讓」的可能，於是專門為了這種權利轉

117

讓而存在的**股票市場**就出現了。來自四面八方的股票持有者，可以聚集在這個市集裡，標定價格販售自己擁有的股票，只要找到買方後，就可以依照交易規定把股票轉讓給其他人，就像我們臨時有事，可以把演唱會門票賣給別人一樣。

當然我們也可以成為買家，在這個市場買進原本屬於別人的股票，成為其他家公司的股東。

所以不難理解，在這個市場裡，有**買方**也必須有**賣方**才會成交，如果是賣太貴沒有買方想買，或買方出價太低賣方都不捨得賣，交易就不會存在，這買賣成交便是股票市場運作的基本原理。所以剛到這個熱鬧的交易市場，不管是要買雞，還是買蛋，都得先搞懂遊戲規則和基本術語，等念完台股小學一到六年級，再慢慢挑選都來得及。

圖表 3-8　台股小學一到六年級

一年級：證券開戶

這是最簡單也最難以跨越的前置作業，因為要買賣股票必須有兩樣東西：

❶ 銀行帳戶，負責股票買賣金額的收付

❷ 證券帳戶，用來記錄股票的進出和股數

我們必須先帶著銀行存摺、印章、身分證雙證件，到證券商的營業據點開證券戶。但每家券商配合的銀行都不一樣，鼠會建議直接選跟銀行同金控的券商，例如：中信金控有中國信託和中信證券、元大金控有元大銀行和元大證券。好處是同體系可以透過一個網銀就能整合台幣、外幣、證券、基金、ETF、黃金、房貸……不同類別的資產，可以替未來省下很多麻煩，而且現在券商大多有推出的線上證券開戶服務，也需要同體系的銀行帳戶。

另外，券商營業據點的方便性也很重要，雖然現在很多股務問題都已經開放網路辦理，但難免還是會碰到需要本人親自臨櫃辦理的時候，如果據點太少或太遠就麻煩了。

最後比較交易手續費，一般來說，現在透過電腦或手機下單起碼有 6 折，最低 1～2 折，建議在開戶時先問清楚，因為提供低折扣的券商有時會附帶一些付款的條件，這在二年級會再詳細說明。

但我覺得小資族每年交易金額和次數如果不多，每筆交易金額

低於 23,300 元*，其實都是收 20 元，不必為了省一點折扣而刻意去選不熟悉或不同體系的券商，直接找大型金控的券商開就可以了，真的要比折扣，等以後變大戶，交易量大之後再考慮其他券商。

不過很多人總是在下定決心要學習股票投資之後，就老是卡在開戶這一關，如果想擺脫知易行難光說不練的糾纏，鼠推薦你用梅爾‧羅賓斯（Mel Robbins）的「五秒法則」，找一天把相關資料都帶齊，然後倒數五四三二一，把開戶的事一次搞定。鼠不騙你，戶頭開好了就會有動力，因為事情經常就是這麼神奇。

💰 二年級：交易流程

開戶後，就可以開始買賣股票了，交易的流程主要分成三大步驟：**委託、撮合、交割**。

以買股票為例，在決定好一檔股票、數量和價位之後，就能透過手機交易程式下一筆委託單，之後會收到「委託成功通知」，但不代表成交，還要等交易所電腦撮合的結果。

前文提過股票的成交是一買一賣的結果，假設鼠委託券商幫我用 20 元買派可星球的股票一張，電腦就在交易市場裡面，自動幫我們找一個願意用 20 元賣出派可星球的持有者，雙方完成買賣的交

---

* 手續費最低 20 元是目前國內券商的慣例，因此用 20 元以 6 折回推為 20÷60％÷0.1425％＝23,391，如果券商的手續費 5 折即為 20÷50％÷0.1425％＝28,070。

易，這個過程就叫「撮合」。

但實際上鼠不會知道我的股票是從誰手上買來的，賣方也不會知道股票賣給誰，完全是由電腦自動執行。撮合成功後，下單程式就會出現「成交回報」，表示鼠以 20 元買到了這張股票，鼠證券帳戶裡的「庫存」就會多出 1 張派可星球。

但這時交易尚未完成，鼠最晚必須在交易日後第二天的早上 10:00 前，把買股票的錢匯入開戶時連結的銀行帳戶，也就是常聽到的 T+2，T 代表 Trading Day。而賣股票的人一樣也會在成交後的第二天收到錢，這個過程稱為「交割」。

不過要是買方在成交後，帳戶餘額不足又忘了把錢存進去，導致券商在 T+2 日扣不到足夠的股款，無法完成這筆交易，就變成「違約交割」，股票會被強制賣掉，還要再賠違約金，最嚴重的情況是帳戶會被取消，五年內不得再買賣股票，也會嚴重影響信用，所以下單前一定要特別注意委託數量和交割帳戶的餘額。

不過現在券商大多會在 T+1 日就會先確認一次帳戶餘額，萬一不夠都會專人電話通知買方要盡快補足，以減少違約交割的發生。

在一年級提到開戶時，券商提供低折扣手續費的附帶條件，經常是採用月結折讓，也就是交易時先收正常的手續費，每個月結算一次於下個月退回，或採用圈存制，也就是帳戶內必須有足夠金額才可以買賣，無法像一般交割是等到 T+2 日才付款。

圖表 3-9　股票的交易日與交割日

🪙 三年級：交易時間

　　學會買賣流程後，就升上三年級了。台股只在週一至週五的上班日交易。每個交易日從早上 8:30 到 9:00，會有 30 分鐘的「盤前試撮合」，類似每年職棒職籃賽季開始前的熱身賽，電腦在這半小時會依照盤前已經委託好的買賣單，先模擬撮合，看看今天大概的價位，目的是在開盤前先揭露資訊供投資人參考。不過既然是熱身賽就代表不是來真的，委託單在開盤前隨時都可能被取消，因此盤前試撮的價格就不能太認真看待。

　　9:00 正式開盤，所有買賣單就會開始撮合，股價也會開始上下跳動，這就是來真的了！直到下午 1:30，這四個半小時，就是台股正常的交易時間，或稱為「盤中」。也有人說一開盤的前半小時叫

「早盤」、11:30 ～ 12:30 為「午盤」、最後半小時叫「尾盤」。常常聽到「拉尾盤」或「殺尾盤」就是指交易最後半小時的股價變化。下午 1:30 一到就收盤停止撮合，結束所有交易，所以收盤後交易就稱為「盤後」，包含「零股買賣」或「定價交易」*。

圖表 3-10　台股的交易時段

💰 四年級：交易單位

在正常的交易時間內，都是採用「整股交易」，不論買或賣，都是以「張」為單位，根據證交法規定，每筆交易委託最低 1 張，

---

*　零股買賣委託時間為 13:40 ～ 14:30，於 14:30 進行集合競價一次撮合，盤後定價交易則是在 14:00 ～ 14:30，以當天的收盤價進行委託，也是在 14:30 進行一次撮合。

最高上限是 499 張，所以在盤中會看到那種 499 張的委買或委賣就是所謂的大單。

一張股票有 1000 股，所以 1～999 股不滿一張的狀態就叫「**零股**」，我們常看到的股價，就是目前**每 1 股的市場價格**。假設派可星球目前股價是 20 元，一張股票的價值是 20 元乘以 1000 股等於 20,000 元，如果股價漲到 25 元就代表目前 1 張價值 25,000 元，依此類推。

個股每天的成交量都是用張數來表示，例如派可星球今天一共成交 20,000 張，代表這個交易日內有 20,000 張派可星球股票，從一群人手上轉移到另一群人手上，但常聽到的大盤成交量，則是用今天所有上市公司成交金額的加總，每日平均約在一千多億。

💰 五年級：交易價格

到了高年級要學的是最重要的「價格」，也就是分時走勢圖上的縱軸。

每個交易日以**平盤價**為中心點，橫向拉出一條平盤線，因為我們台股有 10％的漲跌幅限制，一個交易日內再怎麼漲或跌都不會超過 10％*，所以平盤價往上加 10％就是當天漲停的價格，往下減 10％就是當日跌停的價格。

假設派可星球今天平盤價是 20 元，漲停就是 22 元，跌停就是

---

* 少部分連結美股或商品型的 ETF，沒有單日正負 10％的漲跌幅限制。

18 元，單一個交易日內，不管是買進或賣出，股價都不會超出這個範圍。

每天早上 9:00 開盤時，會以第一筆撮合出來的價格，當作當天的**開盤價**，這是每個交易日最重要的價格，因為從每次收盤到下一次開盤，股市雖然已經結束交易，但市場卻是 24 小時在運行，各種消息還是持續影響投資人。所以開盤價可以視為收盤到開盤之間，所有多空訊息或情緒的一次反應，也經常決定了一整個交易日的盤勢。所以開盤價不一定等於平盤價，有可能高於平盤開出也有可能開低，每天狀況都不一定。

從開盤之後四個半小時的交易時間內，股價會有高有低，所以也會各有一個盤中最高和盤中最低的價格，直到下午 1:30 收盤，最後一筆撮合的價格就是當天的**收盤價**，同時成為下一個交易日的平盤價。

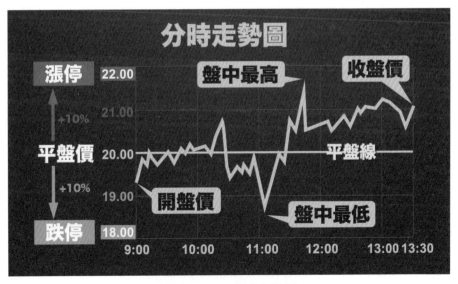

圖表 3-11　分時走勢圖

　　關於漲跌點，以一般股票來說，當股價在介於 0 到 10 元之間時，是每 0.01 元為一檔，也就是一個增減單位，就像台灣計程車是每 5 元一跳。當股價達到 10 ～ 50 元時，漲跌會變成 0.05 元為一單位，達到 50 ～ 100 元是 0.1 元，依此類推。如果股價超過 1,000 元時，則是每 5 元為一個升降檔次。而 ETF 則只有兩種升降檔位：0.01 元和 0.05 元。（見圖表 3-12）

股價範圍與升降檔位

股價範圍	一般股票	ETF
0.01~10	0.01 元	0.01 元
10~50	0.05 元	
50~100	0.1 元	0.05 元
100~500	0.5 元	
500~1000	1.0 元	
1000 以上	5.0 元	

圖表 3-12　股價範圍與升降檔位

　　買賣價格與條件的設定，台股從 2020 年 3 月實施逐筆交易制度，股票買賣的委託類別，分為兩種：「限價單」和「市價單」。

　　限價，代表「限定這個價格」才交易，例如，限價 20 元買進，代表這筆下單最高只能接受 20 元買，如果價格在 20.05 含以上我都不買。同樣道理在賣出時，如果限價 20 元賣出，代表我最低只賣 20，19.95 或更低都不賣。

　　一般來說，限價委託都是手動輸入特定價格，但下單軟體為了

方便投資人，在限價中又設計了四種取價方式：「**現價、漲停、跌停、平盤**」。不過既然叫取價，代表這些選項只是協助帶入特定價格，即便帶入漲停價或跌停價，本質仍然是「限定價格」的委託單，只是限定價格的範圍最大。

相對於限價單，市價單則是「不指定價格」，完全交由目前的市場來決定，優點是用最大的價格彈性來換取最優先成交的機會，所以市價單的順位高於所有限價單，即便是限價漲停或限價跌停也一樣。

不過價格不指定，就代表當天漲跌停範圍內都可以是成交價位，尤其在個股波動劇烈的時候，有可能實際成交價格會超乎預期，這也是市價單的缺點。因此在使用市價委託時，務必要特別留意價格的變化，否則還是建議使用限價單委託比較保險。

除了限價和市價的設定，條件選項又分為三種：ROD（當日有效）、IOC（立即成交或取消）和 FOK（全部成交或取消）。

一般最常用的，就是 ROD（當日有效），也就是委託一送出之後直到當日收盤都會一直有效，直到委託數量全部成交完為止。

IOC（立即成交或取消）是指，不能立即成交的剩餘數量就取消，例如：委託一筆 10 張賣出，但立即成交了 7 張，剩下 3 張就會跟著這筆委託結束，如果要繼續賣剩下的 3 張必須重新下單。

FOK（全部成交或取消），則是數量必須全部滿足才成交，如果委託一筆要賣出 10 張，但只能成交 8 張時，則這筆委託則會全部取消，一張都不會幫你賣出。

　　所以對一般交易張數不多的投資人來說，使用「限價 +ROD」
下單委託是最簡單的方式。

💰 六年級：股款計算

　　買賣成交後，不管是買進或賣出，都要交手續費給委託券商，
法律規定的手續費上限是成交金額的 0.1425% 也就是千分之 1.425，
在低於 20 元時，大部分券商都是一律收 20 元。交易成本除了手續
費還有「證券交易稅」，一般股票是成交金額的千分之 3，ETF 是
千分之 1，統一由「賣股票」的一方繳交，也就是買股票只要繳券
商的手續費，賣股票時除了手續費，還要再多繳證交稅。

　　舉例來說，鼠用手機下單買了派可星球 1 張，成交價是 20 元，
成交金額就是 20 元 ×1,000 股等於 20,000 元，再加上 0.1425% 的
手續費，原本是 28 元，網路下單打 6 折後是 16.8 元，但低於 20 元
一律算 20 元，最後鼠買這張股票要付的交割金額就是 20,020。

　　幾天後，如果派可星球的股價上漲到 22 元，鼠決定賣
出，這時鼠可以收到的股款就是 22,000 元扣掉手續費 20 元
（22,000×0.1425%×0.6=18.8 → 20），再減掉證交稅 66 元
（22,000×0.3%）等於 21,914 元。所以買進的交割金額，是成交金
額「外加」手續費，而賣出股票時的手續費和證交稅，都是從成交
金額裡直接扣除，剩下的股款才匯進賣方的帳戶，賣方不需要再另
外繳錢。

　　學完了一到六年級的課程，恭喜你已經擁有股票世界最基礎的小學程度，在進入股票國之後，得開始學會聽懂、看懂股票國的語言，不只是單字，還有更重要的四種文法。

3-5

基本面：一家公司
存在的基礎條件

相同規模、相同收入的釣蝦場，
用 ROE 看出誰才是真的會賺錢

💰 股票國的四種文法

出國旅遊，最麻煩的應該就是「語言不通」了，新手剛接觸股票市場像去了另一個國家，裡面說的每個字都聽得懂，但組合起來就變得有聽沒有懂。學一個語言除了背大量的單字，更重要的是文法，也就是單字排列邏輯。

如果要聽懂股票市場裡的人都在說什麼，就得先知道在股市語言裡最常用的四個文法，分別是**基本**、**技術**、**消息**和**籌碼**，是股票分析時最常用的四個面向，可以用金字塔來理解它們在一檔股票所處的位置。

圖表 3-13　股票國的四種文法

💰 基本面的九大指標

首先，在金字塔最底層也最重要的「基本面」，代表一家公司存在的基礎條件，就像是一個人的 DNA 組成和健康情況，基本面不好的公司像是抵抗力不好的放山雞，很難期待牠可以生得出蛋，就算抓去市場也絕對賣不到什麼好價錢。

所以經常聽到專家在講年報、季報、毛利營收、商品報價、訂單需求等，就是在做基本面的分析。而美國股神巴菲特最為人熟知的價值投資，就是一種以基本面為主要依據的長線投資法。

基本面裡的項目很多，其中最常見又一定要認識的有九大指標，可以分別用「**做什麼**」、「**賺什麼**」、「**算什麼**」來幫助理解。

圖表 3-14　基本面的九大指標

💰 做什麼？：公司的自我介紹

　　「這家公司是做什麼的？」也就是這家公司的自我介紹，包含所屬的產業、成立時間、營業項目、產品營收比重等，其中一定要認識的是「**資本額**」，也就是俗稱的「股本」，等於發行股數乘上股票面額，一般來講股票面額都是 10 元，又稱「票面價」。

　　只不過我們把一間公司的股票拿去市場買賣，實際的每股成交價往往不會是 10 元，而是會隨著市場的供需高低起伏，這又稱「市價」，也就是前一章小學五年級提到的各種股價。一樣都是面額 10 元，有的公司一股可以價值五、六千元，有的公司一股卻只值五、六元，所以把一間公司股票數量乘上目前的股價，就可以得到這間公司目前的**總市值**。

　　當股本越大，代表發行的股票數量多，流動性相對高，容易買得到也容易賣得掉，要影響公司的股價就得具備夠大的資金才有可能，也比較不會暴漲暴跌。而對於股本比較小的公司，不需要龐大的資金，就可以把一間公司的股價買上去或賣下來，因此比較容易成為炒作的目標。

股本 = 面額 × 總股數

市值 = 股價 × 總股數

圖表 3-15　股本和市值的計算公式

　　不過要特別注意的是，一間公司的「股本」基本上是固定的，但公司的「市值」卻是每分每秒隨著股價在變動，股價漲市值就跟著增加，要是大跌也會跟著縮水或蒸發。所以我們經常會在財經新聞看到美國尖牙股*的市值暴增或暴跌多少億，其實就是受到股價波動影響的關係。

台股上市公司資本額 （面額 × 股數）				台股上市公司市值 （股數 × 股價）			
金額 （台幣）	家數	占比	分類	金額 （台幣）	家數	占比	分類
2,000 億以上	2	0.21%		1 兆以上	2	0.21%	500 億 + 大型股 （占9.5%）
1,500 億	1	0.11%		5,000 億	7	0.74%	
1,000 億	14	1.49%	100 億 + 大型股 （占 12.4%）	1,000 億	49	5.21%	
500 億	14	1.49%		500 億	31	3.29%	
400 億	6	0.64%		400 億	16	1.70%	中型股 （占 25.3%）
300 億	15	1.59%		300 億	33	3.51%	
200 億	15	1.59%		200 億	58	6.16%	
100 億	50	5.31%		100 億	131	13.92%	
50 億	100	10.63%	中型股	50 億	203	21.57%	小型股 （占 65.2%）
50 億以下	724	76.94%	小型股	50 億以下	411	43.68%	
總計	941	100%		總計	941	100%	

資料來源：台灣股市資訊網、公開資訊觀測站（2020/2/4）

圖表 3-16　台灣上市公司資本額和市值統計

---

*　Facebook（臉書）、Apple（蘋果）、Amazon（亞馬遜）、Netflix（網飛）、Google（谷歌）為美國最知名的五家科技公司，取其開頭字母 FANG 同英文「尖牙」之意。

除了股本和市值，至少還得知道這家公司的營業項目是什麼，只要到台灣證交所的「上市公司整合資訊」或櫃買中心的「上櫃公司資訊」輸入公司代號，就可以查詢公司的基本資料。

以台積電（2330）為例，在證交所登載的主要經營業務為：「依客戶之訂單與其提供之產品設計說明，以從事製造與銷售積體電路以及其他晶圓半導體裝置。提供前述產品之封裝與測試服務、積體電路之電腦輔助設計技術服務。提供製造光罩及其設計服務。」

不過，我想一般人對這段文字應該都是有看沒有懂，但因為台積電是大家所熟知的台灣之光，也是台灣最大的上市公司，所以不用擔心有問題。但如果你看到一家很陌生的公司，營業項目也很難理解，那就得更謹慎投資。

💰 賺什麼？：搞懂三個最基本的財報數據

EPS：計算一家公司的獲利數字

提到「賺什麼」，關係到的範圍就很廣了，相關的財報數據也非常多，不過只要先搞懂最基本的三個就好，第一個就是 EPS，是股市最常出現的英文縮寫，代表**「每股稅後盈餘」**（Earnings Per Share），也有人稱「每股純益」，更直白說就是：**平均每一股賺多少錢？**

每間公司的資本額有大有小，獲利數字也都不一樣，如何知道

大公司賺 1 億跟小公司賺 100 萬到底誰比較厲害？這時把公司的「稅後淨利」（繳完稅後的淨利），除以這間公司的普通股股票數量*，就可以知道這家公司**平均每一股繳完稅後賺多少錢**，這便是 EPS，目的是用來計算一家公司的獲利數字。

$$\text{EPS} = \frac{\text{稅後淨利}}{\text{在外流通股數}}$$

圖表 3-17　EPS 的計算公式

根據規定，上市公司每個月都要公布營收、每一季要公布財報，所以 EPS 通常是以季為單位，四個季加總就可以得到全年的 EPS。

年度財報通常約在隔年 3 月公布，大多數公司也會在此時開董事會決定，要從 EPS 裡提撥多少比例來發放股利。有的公司會全部發放、有的發八成、有的只發五成，也有的公司 1 元都不發，這就是每一家公司每年的「盈餘分配率」。

還要注意，如果一間公司持續配發股票股利，也就是一直增加股數，讓股本變大，但獲利卻沒有跟著一起增加，分母變大後，就會導致 EPS 變小，這即是「**股本膨脹稀釋獲利**」。關於股利的發放與除權息，在後面章節會再詳細說明。

雖然透過 EPS 可以瞭解每一股的獲利數字，但沒辦法完全真實

---

* 公司如有發行特別股，因具有盈餘分配的優先權，所以在計算 EPS 時，稅後淨利需先扣除要發給特別股的股利，再除以該公司的普通股股數，普通股亦不包含特別股在內。

反應一家公司的「獲利能力」，就跟我們把薪水全部換算成時薪來比較一樣，單位一致簡單方便，卻無法反應工作付出的真實樣貌。

例如都是時薪 150 元的工作，表面上的獲利結果完全相同，但有的人可以走幾步路就到公司，有的人可能要通勤一小時才能上班，表面比較起來，住公司附近的人時間效率好像比較高，但如果把市區的房租成本也算進去，結果可能就又不一樣了。

ROA：檢視整體資產的利用能力

要評估一間公司實際的獲利能力，除了看每股賺多少錢，還要評估這家公司投入多少資源去賺到這些錢。這裡的資源指的是公司的資產，包含資金、土地廠房、機器設備、原物料……可以為公司帶來經濟利益的經濟資源都算。

把賺的淨利除以資產之後，就可以得到 ROA（Return on Assets），也就是「資產報酬率」。

舉例來說，派可老闆開了一間釣蝦場，他拿 500 萬元買店面、100 萬元買飼養設備、100 萬元買蝦苗、還有 300 萬元現金，公司資產包含店面、設備、現金等總共 1,000 萬元，去年一整年淨利共賺了 200 萬元，所以派可釣蝦場 1,000 萬的公司資產，在去年的 ROA 資產報酬率就是 200 萬除以 1,000 萬等於 20%。

其實，這類似投資報酬率的概念，可以看出這家公司對整體資產的運用能力，ROA 越高，代表這家公司對於資產的運用效能就越好，有把資源用在刀口上。

$$\boxed{\text{ROA}} = \frac{\text{淨利（公司賺的錢）}}{\text{公司資產（所有的錢）}}$$

圖表 3-18　ROA 的計算公式

ROE：看原始資金的回報

但有另外一個問題，一家公司的總資產，經常不是 100％屬於
自己，常常有一部分是對外發債或跟銀行貸款借來的，扣掉這些負
債之後才是公司真正的錢，也就是公司的「淨值」。

在會計科目裡，有個專有名詞叫「股東權益」，意思是假設這
間公司現在要解散清算，資產和負債互相抵銷完後，剩下來的部分
（也就是這間公司的淨值），就屬於**每個股東可以依照持股比例分
配到的權益**，只有這些才是公司真正的錢。

所以把賺的淨利除以公司淨值（即股東權益），就可以得到一
家公司的 ROE（Return on Equity）也就是「股東權益報酬率」，
用來評估一家公司透過股東資金獲利的能力。

$$\boxed{\text{ROE}} = \frac{\text{淨利（公司賺的錢）}}{\text{股東權益（股東的錢）}}$$

圖表 3-19　ROE 的計算公式

拿派可老闆的釣蝦場來說，公司雖然擁有 1,000 萬的資產，但

其中 500 萬是跟銀行借來的，扣掉負債後，派可釣蝦場的公司淨值只有 500 萬，去年一整年的淨利一樣是 200 萬，這時 ROE 就是 40％，代表派可老闆用股東合資的 500 萬創造出 200 萬的報酬，這就是股東權益的報酬率。

但隔壁的柴鼠釣蝦場，公司資產一樣是 1,000 萬，淨利一樣是 200 萬，但柴鼠公司沒有負債，所以這 1,000 萬就是股東權益，雖然兩家是一樣的規模、賺一樣的錢，但柴鼠的 ROE 卻只有 20％，代表柴鼠對淨資產的運用能力相對較低。

圖表 3-20　兩家規模一樣、賺一樣的錢，但 ROE 不同

但你可能會覺得這樣有點奇怪，沒負債的公司反而 ROE 卻比較

低，這就是在解讀ROE需要小心的盲點，因為其算法是淨利除以淨值，當計算結果很高時，只有兩種可能，要不就是分子很大，代表很會賺錢，要不就是分母很小，也就是淨值很低，代表很會借錢來賺錢。

就像派可釣蝦場有一半的錢是跟銀行借來的，這就是俗稱的「融資槓桿」，派可是自己出500萬元再借500萬元，賺200萬元後再還500萬元；柴鼠是自己出1,000萬元賺200萬元。乍看之下會以為派可比較聰明，用500萬元就賺200萬元，但融資槓桿是雙面刃，賺賠都是等比放大，假設兩家釣蝦場都虧損200萬元，對柴鼠來說只損失20％，但派可卻是損失40％。

如果列出台股所有上市公司在2018年的ROE和ROA，可以發現超過六成的公司ROE都不到10％，如果要擠進前100強，ROE至少要有**20％以上**的水準，而ROA大多在5％以內，能達到**10％**以上就算強了。（見圖表3-21）

💰 算什麼？：目前的價格合不合理

先透過「做什麼」和「賺什麼」的指標挑出優質的公司，最後還必須知道「算什麼」，也就是這支股票目前的價格合不合理，到底算貴還是便宜。在單純的情況下，價格就是用來衡量價值的標準化工具，但偏偏人類就不是簡單的動物，每一張股票背後代表的又是一整間企業和相關的供應鍊，因此股市交易比買排骨便當自然就複雜得多，股價也經常因為各種原因，偏離公司真正的價值。

台股上市公司 ROE 分布 （股東權益報酬率）			台股上市公司 ROA 分布 （資產報酬率）		
報酬率	家數	家數占比	報酬率	家數	家數占比
40% 以上	11	1.17%	40% 以上	2	0.21%
30%~39%	18	1.91%	30%~39%	3	0.32%
20%~29%	81	8.61%	20%~29%	22	2.34%
15%~19%	96	10.20%	15%~19%	32	3.40%
10%~14%	167	17.75%	10%~14%	89	9.46%
5%~9%	207	22.00%	5%~9%	234	24.87%
0%~4%	204	21.68%	0%~4%	402	42.72%
小於 0%	157	16.68%	小於 0%	157	16.68%
總計	941	100.00%	總計	941	100.00%

資料來源：台灣股市資訊網、公開資訊觀測站（2020/2/4）

圖表 3-21　2018 年台股上市公司 ROE 和 ROA 的分布

　　這個偏離的時間有可能很長也可能很短，但最終都脫離不了「遛狗理論」，這是由德國股神科斯托蘭尼（André Kostolany）所提出。他認為，在遛狗的過程裡，狗會不停地到處跑來跑去，但不論怎麼跑，最後一定會回到主人身邊，跟著主人的方向繼續走，決定散步方向與速度的是主人，不是狗。意思是，主人代表公司真正的價值，狗是跑來跑去的股價，只要公司價值增加，股價總有一天會跟上，要是持續虧損導致公司價值縮水，撐不住那個價格了，股價很快就會掉下來，這就是為什麼基本面很重要的原因。

　　如果要知道狗現在偏離主人多遠，是不是在一個合理安全的範

圍，只要學會看三個指標，是最常用也最基礎的價格評估工具：本益比、股價淨值比和殖利率。

本益比：股價成本和每股純益之間的比例

前文提到一間公司有多少價值，就能享有一定的市場價格，而影響一家公司價值高低的重要因素就是 EPS，也就是這家公司平均每一股能賺多少錢。當你擁有越高的 EPS，就可以享有較高的股價，通常股價和 EPS 之間會存在著一定的倍數關係，這就是本益比，也就是**股價成本和每股純益之間的比例**，英文縮寫 PER（Price-Earnings Ratio），算法就是把股價除以年度的 EPS。

舉例來說，派可和柴鼠釣蝦場目前股價都是 100 元，但派可釣蝦去年每股賺 4 元、柴鼠釣蝦每股賺 5 元，這時派可釣蝦的本益比就是 100 元除以 4 元，等於 25，代表派可目前的股價是去年每股盈餘的 25 倍，柴鼠是 20 倍，依此類推。所以你會發現本益比講的不是百分比而是**幾倍**，因為比起 2,500％或 2,000％，講倍數更直覺。

圖表 3-22　本益比的計算公式

倍數的高低有兩種評估方法，一個是跟自己比、一個是跟同產業的公司比。以跟自己比為例，柴鼠蝦場過去的本益比平均是 25 倍，顯然柴鼠蝦場目前的本益比 20 倍就偏低，因為以 5 元的 EPS

乘以 25 倍，目前股價少說要有 125 元才對，但現在只有 100 元，所以柴鼠在之後就比較有上漲的機會。

而跟同業比是假設釣蝦類股的本益比約是 20 倍，要是柴鼠蝦場目前股價是 150 元，以 EPS 五元除下來本益比變成 30 倍，對釣蝦產業來講就顯得偏高了，本益比越高、股價修正的壓力就相對越大。

根據證交所公布的資料，截至 2019 年 12 月為止，台股大盤的本益比約是 19.6 倍，也就是一家公司如果年度 EPS 是 5 元，以台股平均來說，合理的股價大約在 98 元。但這也不是絕對的，通常一間公司如果是處在成長階段，或趨勢型產業，像機器人、5G、電動車、電競、AI 等，因為相對有未來性，EPS 有成長的潛力，市場給予的本益比通常也會比較高。而且不同市場的本益比也會不一樣，大陸的深証、印度和美國股市本益比都在 22 倍以上，香港、韓國、新加坡的本益比約只有 12 ～ 14 倍。（見圖表 3-23）

股價淨值比：評估現在股價偏離公司淨值多少

如果是虧錢的公司，EPS 是負的，只有損沒有益，就沒有本益比可以評估了。這時候就可以用第二項指標「股價淨值比」（Price-Book Ratio, PBR），也就是用這家公司「值多少」來評估股價。

剛剛的本益比是把公司股價除以 EPS，而股價淨值比則是把股價除以每股淨值，用來瞭解現在的股價比淨值高或低多少。如果你買進的股價高於每股淨值越多，代表你買的相對貴，股價低於淨值則代表相對便宜，而**股價淨值比就是把股價除以淨值，用來評估現**

國際主要股市本益比			
股市名稱	本益比（倍）	股市名稱	本益比（倍）
深圳	24.0	倫敦	15.9
紐約	22.4	巴西	15.8
孟買	22.2	日本	15.7
台灣	19.6	多倫多	14.9
泰國	19.5	南韓	14.3
德國	17.9	上海	13.7
澳洲	17.5	香港	12.4
馬來西亞	17.1	新加坡	12.1

資料來源：台灣證交所世界主要證券市場月報（2019 年 12 月）

圖表 3-23　國際主要股市本益比

在的股價偏離公司淨值多少。

　　如果派可釣蝦場資產是 1,000 萬元，其中 500 萬元是貸款，淨值就是 500 萬元，而釣蝦場一共有 10 萬股，所以每股淨值以 500 萬除以 10 萬股就是 50 元。但現在派可釣蝦的股價是 40 元，所以股價淨值比就是 40 除以 50 等於 0.8；如果股價漲到 50 元，PBR 就是 1；漲到 60 元 PBR 就是 1.2。

　　所以股價淨值比是以 1 為基準，高於 1 越多代表股價越高於淨值，反過來股價要是低於淨值，PBR 就會低於 1。所以當股價低於淨值，就像是打折便宜賣，而高於淨值（PBR 大於 1）則代表目前股價比實際的價值高。

圖表 3-24　股價淨值比的計算公式

不過，使用股價淨值比要注意兩個盲點：

❶ **淨值的代表性**：因為淨值來自於資產減負債，而財報上可以列入資產的種類很多，除了現金和應收帳款，還有存貨、機械設備、土地廠房都算在內。假設公司資產有一台挖土機，帳上的市價 100 萬元，但萬一哪一天要解散清算，真的能賣到 100 萬元現金嗎？所以看待一間公司的每股淨值時，自己可能要再稍微打個折。

❷ **沒有獲利因素**：從股價淨值比的角度來評估一間公司，像是「目前報廢值多少」，而忽略「未來是否具有獲利能力」。即使現在買低於回收價覺得便宜，但如果一間公司不具獲利能力只剩下報廢價值，長期下來只會越來越不值錢，那買再便宜都沒有未來可期。

殖利率：從股息回報估算股價的合理性

前兩項評價指標都跟資產息息相關，最後一項指標是「殖利率」（yield），是最直觀的一項，便是直接從股息回報估算股價的合理性。在利率前面加了一個殖，代表浮動，意思是用一家公司每年配

發的股利，除以目前的股價（也就是我們的本金）來獲得殖利率。因為放在分子的股利每年才更新一次，但放在分母的股價卻是每個交易日的每分每秒都在上下跳動，因此殖利率是動態的數字，並非固定值。

假設派可蝦場今年股利 5 元，目前股價 100 元，殖利率便是 5÷100=5％，但隔天股價上漲到 110 元，明天想買進的投資者購買成本變高，可以領的股利還是 5 元，因此殖利率就變成 5÷110=4.5％。相反地，如果後天股價又跌到 90 元，殖利率就上升到 5.6％。所以股價越便宜，代表可以用比較低的本金獲得相同的配息，所以殖利率就有點類似投資報酬率的概念，只不過要能「填息」才算數，在後面除權息的章節會再進一步說明。

圖表 3-25　殖利率的計算公式

認識了基本面的分析九大指標，除了可以聽懂專家在說什麼，也可以幫助自己快速瞭解一間公司、評估公司的經營狀態。

3-6

技術面：為了記錄數字，簡化閱讀而設計

不同類型的 K 線就像各種海上船隻，
乘載量和移動速度都不同

很多投資新手經常看到技術線圖就直接投降，因為上面除了各種符號、數字、顏色，還有一堆專業術語，是股票四種文法裡，最複雜又最難搞懂的領域。這有點像鼠多年前初學鋼琴時，第一次拿到哈農樂譜，感覺每一頁都像第一頁影印出來的，完全看不出有什麼差別*，可是對具有經驗的音樂家來說，光看樂譜就能在腦中演奏出旋律，是一種很普遍的本領。

在股票技術領域也一樣，那些五顏六色的各種線圖，其實都是為了記錄數字，簡化閱讀而設計的，畢竟人腦不是電腦，我們不可能隨時記得三個月以前某一天的行情走勢，或目前的表現距離過去一季的平均有多遠，但有了技術線圖，需要運算的問題都可以獲得直覺化的答案，功能就像地圖一樣。

接下來，你不會看到各種複雜的計算模型公式，也不會有各種玄奇的預測推演，柴鼠希望幫你瞭解怎麼看懂這張地圖、多學一個判別工具，而不是直接爆料寶藏埋在哪裡。

🪙 腦容量有限，只要看懂六項就好

如果將技術分析裡最重要也最常見的元素區分，可以歸納成三大類：**價格、數量和指標**。價格元素包含 K 線和均線；數量類別則有成交量、法人買賣和融資券；技術指標雖然有數十種，但最常聽到也最好懂的其實只有 KD。

---

* 哈農所創作的鋼琴譜最重要的特色是不斷重複同一組音階，每彈完一小節就往上或往下移動其中一個音階，所以每一組乍看之下幾乎相同，但仔細一看其實不同。

　　只要學會最基礎的六項，就足夠理解八成以上書籍雜誌或財經節目中的技術分析了。

K 線：得知當天漲跌狀況和震盪幅度

　　K 線，源自於英文 Candlestick（燭台）的縮寫，因為畫出來長得像一根一根的蠟燭，用來標示一個交易日裡的行情變化。我們在股票小學五年級曾介紹過股票的分時走勢圖，其中最重要的四個價格就是開盤、收盤、盤中最高和盤中最低，簡稱「**開收高低**」。只要有這四個價位，就可以得知當天的漲跌狀況和盤中震盪的幅度，因此每個交易日的走勢都可以簡化成四個點，而每一根 K 線就是由這四個點所組成。

　　在正常的情況下，一根 K 線由一條粗線和細線組成，粗的代表當日開盤和收盤的價格，細線則代表當日最高價和最低價，整根 K 線的顏色由開和收的相對位置來決定。

　　如果收盤高於開盤，K 線就標示為紅色，此時就稱「紅K」或「紅棒」；如果收低於開就畫成綠色，但一般會講黑色，所以又稱「黑K」或「黑棒」*，而如果開盤和收盤價格一樣，通常會畫成黃色或白色。以圖表 3-26 為例，早上 9：00 低於平盤開出，盤中震盪後，收在平盤之上，代表今天最後結果是上漲的，K 線就會呈現麵桿狀（或稱長紡錘狀）。

---

* 　紅綠顏色的使用有可能因為國情文化而有不同，在華人世界多以紅色多代表喜氣發財，綠色代表冷卻下滑，但在美股則視紅色為警告、危險，用來代表下跌，綠色則為安全、通行，用於代表上漲。

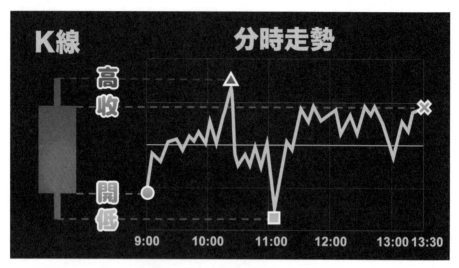

圖表 3-26　走勢圖上的 K 線

　　K 線的「紅黑顏色」由當日「開、收」位置決定，而「實際漲跌」則是「今日收」與「前一日收」的位置來決定。如果今天收得比昨天高，即使是黑 K，但股價仍然是上漲。例如一開盤大漲 5％，但收盤時下滑到只剩小漲 1％，此時「收低於開」K 線為黑色，但最終股價仍比昨天上漲 1％，反之要是開盤大跌 5％，最後跌幅收斂在小跌 1％收盤，收比開高雖然標示為紅 K，但實際仍為下跌。（見圖表 3-27）

　　可以把各種 K 線的型態，大致歸納七種（見圖表 3-28），但不論哪一種，只要記得粗柱狀代表當日走勢，細線的部分是震盪幅度即可，細線的部分越長，代表當天價格變化幅度越大，多空兩方拉踞激烈，而 K 棒柱狀越長，代表多空其中一方勝出越多。

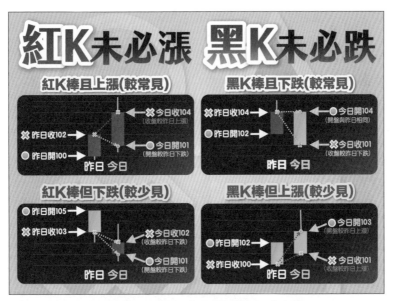

圖表 **3-27**　紅 **K** 未必漲、黑 **K** 未必跌

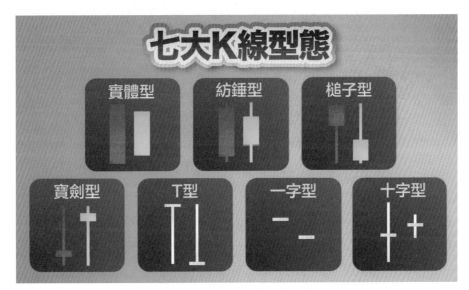

圖表 **3-28**　K 線的七大型態

均線：判斷目前股價強弱或未來走勢

前文所說的每根 K 棒代表一天的價格行情，但如果要判斷目前股價強弱或未來走勢，經常會把目前價格和過去一段時間的平均價格相比。最常比較的有 6 種天期的均價：過去 5 天、10 天、20 天、60 天、120 天、240 天，依照實際交易天數回推，分別代表過去一週、半個月、一個月、一季、半年、一年的平均價格。

隨著股價每天持續變化，各種天期的平均價格每天也會跟著移動，將這些移動的均價連成線，就成為「**移動平均線**」（Moving Average），在線圖上縮寫為 MA。

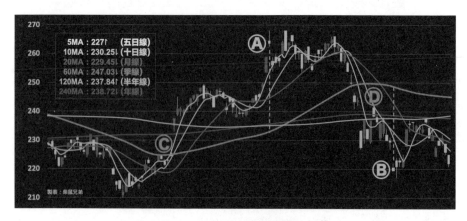

圖表 3-29　各種天期的移動平均線

從圖表 3-29 可以發現，越短天期的均線和 K 棒越貼近、移動越快速，越長天期則越緩慢。以 5 日線為例，因為它只計算最近 5 個交易日收盤價的平均，所以當天股價的變化對 5 日均線影響力就占五分之一；同樣道理，今天的行情可以影響月線二十分之一、季線

六十分之一，對年線的影響就只剩兩百四十分之一了，所以圖中 D 區股價明顯連續七、八個交易日下跌，短天期均線全部跟著往下彎，但長天期均線卻沒有明顯的反應。

好比各種海上船隻，5 日線像獨木舟，上面只載了四、五個人，轉彎前進都很輕鬆；而月線像是遊艇，上面約載二十幾個人，跑起來還算靈活；季線就像渡輪，上面可以載六十幾個人，還能保有一定的機動性，因此經常擔當交通往返的重則大任；年線像是載了兩、三百人的郵輪，排水量大，前進轉向靠岸都很花時間，不過郵輪可以產生的移動能量，就不是小型船隻可以相比的。

學會看 K 線和均線之後，就能快速地瞭解兩件事：

❶ 目前股價與過去均價的相對位置

當 K 線位置高於均線時，代表目前股價高於過去一段時間的平均價格，例如圖表 3-29 中 A 點的 K 線位置，沿虛線往下看都高過六條均線，代表目前股價高於所有天期的均價，不論最近一週、一個月、一季、一年買的人，帳面上現在都是賺的。

反之，像 B 點股價低於所有均線，則代表一年內買的人目前平均都是賠的。要判斷強弱又以圖中橘色的「季線」為重要的分水嶺，只要股價穩站上季線，如圖中 C 點之後，代表有賺的人變多了，未來就有可能持續上漲，反之要是跌破季線（如圖中 D 點），通常會持續走弱一陣子，因此在技術分析上，經常叫季線為「生命線」。

❷ 均線排列與行情走勢

當短天期均線依序排在長天期均線之上，代表持有越久的人成本越低，這稱為「**多頭排列**」，形成支撐力道，有利於行情持續上漲。反過來就稱為「**空頭排列**」，短中長天期的均線全部下彎，抱越久的賠越多，壓力隨時間增加，行情較容易走空下跌。

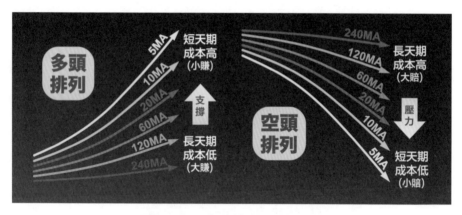

圖表 3-30　均線排列與行情走勢

成交量：影響股價漲跌的重要原因

如果接觸股市一段時間，一定會經常聽到一句話：「新手看價、老手看量、高手看籌碼。」意思是初入股市的投資新手對價格最為敏感，心情總是隨股價漲跌上上下下。但隨著操作經驗的累積，漸漸就會發覺成交量才是影響股價漲跌的重要原因，兩者互為因果關係，也就是所謂「量先價行，先有量才有價」，代表股價的漲跌必須搭配成交量的增減一起檢視，才能進一步窺得全貌、見樹又見林。

　　股票必須有買賣才會有成交，因此成交量代表買賣雙方參與的熱絡程度，從成交量的大小與增減速度，可以研判市場資金是否積極進場。假設一檔股票原本每天只有數十張的成交量，想買想賣的人都不多，股價就難有起伏，但如果成交量忽然開始不斷放大成每天數千張或數萬張，那代表有越來越多人想買賣這檔股票，因此未來不論是上漲或下跌，幅度都會比過去更明顯，而這種劇烈的漲跌幅又會吸引更多人加入，成交量就繼續放大，行情就能持續。

　　鼠覺得價量之間的關係，就像開車的方向盤與油門，假設柴和鼠各開一輛車，兩人都把方向盤往右打一圈，柴是油門輕含，鼠則是油門重踩，五秒過後測量轉向距離，鼠的車右轉幅度一定比柴的車還明顯，依此類推把方向盤往左也會得到相同結果。意思是價格雖然有方向性，但是不論漲或跌都需要量能的配合才具有意義，因為轉向不踩油門就等於沒轉，量越大油門越重，代表該方向的態勢越強。

　　如果將價量關係分為「價漲、價跌」和「量增、量縮」，再交叉搭配後，可以得到四種價量組合，其中價漲量增、價跌量縮稱為「**價量配合**」，後續行情多半會走多；而價漲量縮、價跌量增就是「**價量背離**」，代表上漲放油門，下跌卻踩油門，是走空的徵兆。

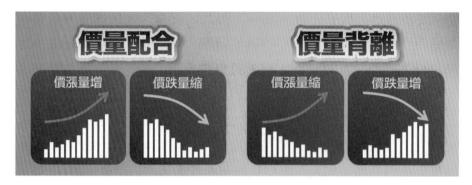

圖表 3-31　價量關係的組合

法人買賣：最有影響力的大咖

　　股市中，最有影響力的大咖就是法人了，台股的三大法人就是**外資、投信和自營商**，這些專業的投資機構手上管理的資金相當龐大，所以被他們看好買進的標的，通常會有上漲行情可以期待；反之要是被法人看壞賣出就要小心了。

　　不過三大法人其實來自四面八方，外資也有分美系、歐系、亞系，屬於內資的投信和自營商們也各據山頭。法人的看法不見得會一致，也經常心口不一，說一套做一套，表面上看好，但私下一直賣股票，或一直出來喊空卻偷偷在買進。

　　但交易資料是無法造假的，散戶可以透過證交所和櫃買中心每天下午公告的**法人買賣超**，來瞭解他們在市場上的實際動作。如果今天 A、B、C 法人一共買了派可星球 10,000 張，C、D、E 法人合計賣了派可星球 8,000 張，買的數量比賣的數量多 2,000 張，此時稱為「買超」2,000 張，如果反過來就稱為「賣超」2,000 張。

因此不論買超或賣超，數量越大時，代表所有法人對多空的看法越一致，尤其對上市大盤和權值個股，幾乎都是外資法人的天下，漲跌經常都要看外資臉色，這也是為什麼很多技術分析除了基本價量，還要看法人買賣超的原因。

法人（尤其是外資）經常在看好一檔標的時會「分批默默持續買進」，這麼做有兩個原因：

❶ 法人手上資金很多，力量很大，如果在短時間內全部買進，導致股價大漲，就會引來其他人注意，布局計畫就會被干擾。

❷ 如果股價漲太快，之後買的成本越高，獲利空間就越小。所以技術分析裡的**外資連續買超**，是一個重要的多頭行情指標；反之要是外資連續賣超，而且越賣越多，那通常就不妙了。

資券餘額：瞭解未來行情的走勢

不管是透過融資或融券，本質都是一種借貸，只不過融資借的是**錢**，融券借的是**股票**，既然都是借，就會有還的一天，也因為是借，所以會有強制的停損比例，不管是時間到了或價格到了，透過融資或融券持有的股票，都會被迫採取強制行動：融資的股票會被強制賣出來還錢，又稱為「**斷頭**」；融券的股票需要買回來還給券商，稱為「**軋空**」。因此在進行技術分析時，可以觀察一檔股票的「融資餘額」和「融券餘額」來瞭解未來行情的走勢。

當融資餘額增加時，代表有越來越多股票是透過借錢持有的，代表投資人對未來行情相當看好，願意借錢來買。不過也因為是借

來的，融資餘額越多，代表買盤的結構越不穩定，因為這些股票遲早都會被賣出，成為未來潛在的賣壓。

而融券餘額增加時，代表投資人看壞該檔個股，紛紛借股票來賣，希望之後股價下跌，再低價買回還給券商，來賺取下跌價差，同樣的道理，眼前的融券賣壓就會是未來回補的買盤。

KD（隨機指標）：三個觀察重點

「由 K 值和 D 值所組成，計算方法是，用今日的收盤價與近九日的最高價與最低價進行加權得來的，用來判斷股價強弱和買賣時機⋯⋯」鼠知道這段文字你一定有看沒有懂，但沒關係，那些複雜的算式和由來就先略過，你只要學會 KD 怎麼看、怎麼用就好。

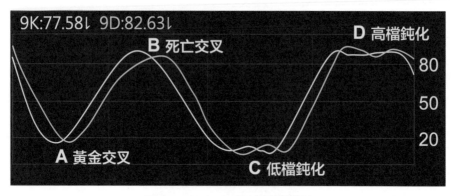

圖表 3-32　KD 值的觀察重點

首先，K 值和 D 值會隨股價變化每日更新，數值介於 0 ～ 100，並以 20、50、80 為分界，有三個觀察重點：

❶ K 值反應快於 D 值

因為 KD 分別採用不同的計算基礎，所以 K 值反應市場價格的速度會比 D 值靈敏。當行情走多時，K 值會先向上反應，所以 K 會大於 D；反之，行情走空，則 K 值會小於 D 值。

❷ 黃金交叉、死亡交叉

當 KD 在低檔，而 K 值率先翻揚穿越 D 值（如圖表 3-32 的 A 點）則稱為「黃金交叉」，代表行情即將走多，因此被視為買進訊號。相反地，如果 KD 在高檔，K 值向下穿越 D 值，則形成「死亡交叉」，代表行情開始走空，一般則視為賣出訊號。

❸ 80/20 法則與鈍化

如果 KD 高於 80 代表進入超買區，行情過熱，後續有可能下跌，是賣出訊號；反之 KD 要是低於 20 則代表超賣，未來上漲機會高，多被視為買進訊號。但採用 20/80 做為進出場判斷時，要注意鈍化的問題，如果在 KD 在 20 以下的低檔區糾結超過 3 天，沒有明顯增加則視為**低檔鈍化**，未來行情有可能繼續往下；相反地如果在**高檔鈍化**，則會有繼續創高的可能。

💲 過去表現僅供參考，無法保證未來

瞭解這 6 種技術線圖裡的基礎元素，你可能已經眼花了。

但實務上在進行分析時，很少單獨使用這些指標，時常會以價、

量、均線的方向為主，再搭配資券餘額的增減來判斷。

例如：「資券同增價漲量增」、「資減券增價跌量縮」或「資增券減價漲量縮」……光這樣至少有 16 種排列組合，而且出現的位置可以再細分 8 個位置：「初升段、主升段、末升段」、「初跌段、主跌段、末跌段」、「高檔整理、低檔整理」。

16 乘 8 就有 128 種組合了，這時如果你記憶體還沒滿，有的分析師還會再加上法人買賣和 KD 一起看，再畫出頭型、底型等各種趨勢線……於是，終於知道技術分析可怕在哪裡了（笑）。

但不論你聽過的技術分析有多麼玄奇，請不要忘記它們都已經是歷史，雖然技術分析可以幫助投資人瞭解過去、歸納出可能的原因來推測未來，不過投資市場總是出人意料，過去發生的不代表未來一定會（或一定不會）重演，還是必須小心不要陷入事後諸葛的心理偏誤，只用有利預測的證據來解釋已知的結果，反而會失去讓自己平衡思考的機會。

3-7

籌碼面與消息面：
提早發現事有蹊蹺

從小島漁村的捕魚故事，
得到籌碼面和消息面的啟發

💰 小島漁村的故事，帶來的啟示

在上一章技術面，概略談到一些關於籌碼面的指標，包含法人買賣超和資券餘額，但如果要進一步認識籌碼分析的原理，光瞭解指標絕對不夠。

人說「高手看籌碼」這句話絕非空穴來風，籌碼分析勢必有值得參考的重要理由，而籌碼之於股市的意義究竟是什麼？你得先知道發生在小島漁村的故事：

在一座盛產鱈魚的海域裡有個小島，這座島上一共有 100 艘漁船，全部屬於島上的派可村長。長年以來，整個村的捕魚生意完全是由村長家族世代在經營。後來島上的人口漸漸變多，糧食需求也跟著增加，鱈魚是島上的主食，價格便水漲船高，村長家的生意也越來越好。

有些精明的村民漸漸也發現捕魚是門好生意，紛紛表示想跟村長買船自己學捕魚。但不是每個村民都有討海的天分，也不可能一個個教他們來和自己競爭，於是村長想出一個兩全其美的辦法：漁船代管。村民買下船的所有權，但船隊的捕撈作業仍由村長家族經營，每艘船的漁獲收入，在扣除代管成本後，全歸船主所有，任何時候如果不想要了，都可以將這份權利自由轉賣給其他村民。

時值春天，派可村長先試辦了十艘，每艘定價 100 個金幣，一下子就被三位早鳥村民搶購一空，向隅者還不少，於是馬上有人出了 110 個金幣，跟其中一位早鳥買了其中一艘。

　　過了幾天，村民阿柴聽聞消息也想投資捕魚生意，找上了早鳥村民阿鼠，此時阿鼠說：「要轉讓給你嗎？可以，但我這艘船現在值120個金幣，不買拉倒。」阿柴考慮了一下，雖然漲了20個金幣，但還是值得投資，最後還是跟阿鼠買下這艘船，就這樣不到幾週的時間，這十艘陸續轉賣了好幾手，交易價格已經飆上200個金幣！即便如此，這個鱈魚生意的詢問度依舊居高不下。

　　到了夏天，村裡來了個超級有錢人牛員外，他跟村長的關係很好，對鱈魚生意也很有興趣，於是他跟村長私下商量好一個優惠價格，一口氣買了20艘。而且牛員外又介紹他好朋友熊太太，也買了20艘。這時漁村裡100艘船的所有權變成：村長50艘、牛員外20艘、熊太太20艘、其他10個村民各有一艘，一共13位擁有者。

　　因為牛員外和熊太太的重金投資，新聞大肆報導，又讓更多村民對捕魚生意躍躍欲試，一路熱到了秋天，村長又趁勢再釋出漁船，島上家家戶戶幾乎都加入了。此時漁船數量變成村長30艘、牛員外10艘、熊太太10艘，村民合計50艘，一共53位船主。

　　隨著漁船持續易主，交易價格又飆上300個金幣一艘。不過有趣的是，越晚加入的村民，可以買船的對象變多了，價格上漲速度也逐漸慢了下來。

　　進入冬天，一個月黑風高的夜裡，派可村長緊急找來牛員外和熊太太密會，因為大事發生了！船隊從海上傳來消息告訴村長，一場暴風雨在海外吹翻了船，損失估計會相當慘重。村長擔心消息萬一傳開，勢必造成村民恐慌賣船，於是獲知內情的三個人，決定展開瞞天過海的棄船計畫。

首先，村長將自己的船私下交給熊太太，接著由牛員外在村裡散布漁船在海外大豐收的假消息，此時船主們歡欣鼓舞，又吸引還沒加入的村民急著想投資。熊太太在慶祝氣氛中將船分批賣出，交易價格再度衝高到了天價 500 個金幣，船主暴增到 88 人！

這時，長期觀察漁船買賣變化的阿柴覺得很奇怪，平常根本不太賣船的村長，手上的數量怎麼一直在減少，牛員外和熊太太還不約而同都在賣，哪來這麼巧的事？阿柴直覺判斷這三個人一定掌握了不為人知的消息，於是急忙把他的船也賣掉，足足賺了三百多個金幣。

隔天一早，船隊進港了，但只回來了 30 艘，其他都不見蹤影，村民們全看傻了，恐慌迅速蔓延整座小島，所有人開始瘋狂拋售自己的船，300、200、80、50……最後竟連 20 個金幣都沒人想要，牛員外和熊太太則早已帶著大把金幣搭船逃之夭夭，村民們的投資一夕之間蒸發殆盡，紛紛向村長抗議！

此時，派可村長出面喊冤，表示自己也蒙受損失，但為了負起責任，願意拿出高於目前市價的 30 個金幣，補償村民買回所有權。村民們擔心價格跌到歸零，急忙認賠賣回給村長。所有村民中，只有最早察覺異狀的阿柴逃過一劫還大賺一筆。

但沒想到故事還沒結束，隔沒幾天，竟有 68 艘漁船奇蹟似地回村，村長急忙趕到漁港說道：「原來真正翻覆的只有 2 艘，謝天謝地大家終於沒事！」但此時村民只能眼睜睜看著自己的漁船落入村長手中，欲哭無淚。

　　幾年過後，村民逐漸淡忘那場風暴，派可村長又默默做起代管生意，漁船價格再次從 30 個金幣漲到了 300 個金幣。這天，派可獨自站在港邊，拿出手機，刪掉一則來自船隊的舊簡訊：「報告村長！一共 70 艘船遭遇暴雨，2 艘翻覆，其餘 68 艘偏離航道，預計延後 5 天回村」他嘴角上揚一笑，漫步回村裡。

💰 高手靠觀察籌碼變化，判斷股價未來走勢

　　春夏秋冬的劇本走完，最後百艘漁船仍然屬於村長，但大把大把的金幣，已經從村民手上落入少數人的口袋。讀完這則故事，不論你是覺得意外、可惡或毛骨悚然，真心不騙，類似的劇情在鱈魚小島每隔幾年就會上演，而多數村民卻總是喪失記憶般地樂此不疲，不斷地交出辛苦賺來的金幣。

　　讀了這一章，我們不希望你成為被釣愚的多數，而是能提早發現事有蹊蹺的聰明少數，其中最重要的關鍵便是「**籌碼變化**」和「**消息解讀**」。

　　在股票市場，常用籌碼來形容股票分布或移動的狀況，因為一家公司的股票總數是固定的，沒有經過規定的流程不可能任意增加，所以在總量不變的前提下，握有越多籌碼的人，自然就越有能力影響股價。

　　而一家公司的股票越集中在少數股東手上，股價自然就越穩定越容易上漲，因為沒有股東會想隨便亂賣股票害自己的部位市值縮

水。反之，要是股票分散在很多人手上，人多嘴雜意見不一，稍有風吹草動，就容易像非洲野牛一般集體盲奔，衝向深淵卻渾然不覺。

如果重新整理小島漁船四季的籌碼變化（見圖表 3-33），很容易就會發現 100 艘漁船的擁有者，從原本最初的 4 人、變成 13 人，再增加到 53 人，最後變成 88 個人，船價也從 100 金幣一路飆升到 500 個金幣。每個村民看到飆漲的價格，都想參一腳來海撈一票，卻沒人意識到這 100 艘船的籌碼的分布，已經從單純集中變為極度分散凌亂，以致於翻船的利空消息一傳來，大家都爭相逃命，信心潰散，船價自然一瀉千里。

時序	100 艘漁船所有權分布				船主人數
	村長（董監事）	牛員外（大股東）	熊太太（大股東）	村民（散戶）	
春	90	–	–	10	4 人
夏	50	20	20	10	13 人
秋	30	10	10	50	53 人
冬	5	5	5	85	88 人

圖表 3-33　小島漁船四季的籌碼分布

但如果這場風暴發生在春天，村長當時仍握有 90 艘船，他只要設法穩住另外 3 個早鳥村民，沒有人出來賣船，價格絕不會集體崩潰。即便有村民還是想脫手，村長很輕鬆就可以把村民手上少少的籌碼買回來，賣方力道被削弱，價格就能得到支撐，這就是股市高手常會觀察籌碼變化，判斷股價未來走勢的第一個原因。

💰 股票在誰手上，看出公司營運狀況

看籌碼的第二個原因是，為了瞭解股票在「誰」手上，剛剛故事中的主角分別有村長、牛員外、熊太太，還有一大群村民包含阿柴和阿鼠。

村長就是這家漁船公司的主要經營者，也就是「董監事經理人」或稱「公司派」*；牛員外和熊太太則代表**大股東**，他們通常是握有大量資金的投資機構或三大法人，持有大量股票但經常不介入經營；村民則是**散戶**。

原本船隊是村長家族 100％私有，後來第一次以定價 100 個金幣開放 10 艘給一般村民認養，這就是「IPO」**，村長剩下的 90艘就是「董監持股」，90％就是當時的董監持股比例。

比起一般散戶，董監事經理人對公司的營運狀況一定最瞭解，因此他們對公司的持股比例，就被視為是否有心經營公司的一項重要指標，如果連老闆都不想要自己公司的股票，那投資人便可以合理懷疑公司內部勢必出了問題。

像派可村長在出事前偷偷先將船大量交給熊太太，再透過熊太太轉手賣掉，目的就是為了掩人耳目不想被發現。不過在真實世界

---

*　公司派指的是公司的董監事、經理人等主要的經營管理者，市場派則多是握有大量股權但無法介入經營的大股東。這兩派人馬有時會為了爭奪公司經營權而互相拉派結盟、明爭暗鬥，大鬧股東會興訟互告的新聞時有所聞。

** IPO（Initial Public Offerings）首次公開募股，意即私人公司首次將股票透過證券交易所／櫃買中心讓一般投資人自由買賣，此後私人公司即成為上市／上櫃公司。

的上市公司，董監事和大股東的持股轉移或買賣都必須申報公告，如此強制公開大老闆們持股的變化，村長就難以暗度陳倉偷天換日，才能保障投資大眾的權益。

可惜的是，法律再怎麼嚴密也還是有漏洞，在股市裡變相坑殺散戶的案件層出不窮，實在難以防範。我們村民能做的，是像阿柴一樣張大眼睛，好好觀察村長的一舉一動，看他是否認真有誠信地在經營公司。

如果發現村長自己都在偷偷跳船，乘客最好也趕快腳底抹油先下船再說。如果你沒時間也沒有把握一天到晚緊盯這些高層，中小型股就盡量少碰，買大型權值股，更能降低公司股價被少數人炒作的風險。

🪙 真消息，還是假消息？

人們總是喜歡眼見為憑，耳聞為真。可是在股市裡的所見所聞總是真假參半，有時連傳遞訊息的專業人士都無法判定消息真偽。

當牛員外和熊太太從村長那裡得知翻船消息，而在股價暴跌之前先偷偷賣船逃命，這就是典型的內線交易！

牛員外在價格漲不上去時，先散布豐收的假消息炒熱村民情緒，再配合熊太太不斷供應漁船，讓村民大量湧入追高搶買，導致價格再次狂飆時，就是標準的高檔爆大量籌碼凌亂，大股東棄船成功安全下莊，散戶花大錢買在最高點，上了最後一班船。

其實更高招的是村長，階段賣船已經先撈了第一票，放假消息時船價暴漲撈了第二票，價格崩盤後再以近乎最低價全部買回，結果船根本只翻了兩條，連牛熊二位大作手都被他蒙在鼓裡，事後船價又迅速漲回，穩穩撈了第三票。

股市不只是經濟的領先櫥窗，更是投資人心理狀態的縮影，消息面經常引人注目但又伴隨著目的，難以分析動機又讓人深深著迷。一般散戶不可能像董監、大股東、法人或主力作手那樣消息靈通，又有團隊幫他們分析研究，但至少可以學會觀察他們的實際行動，從中提早發現危機或契機，幫助自己抓準時機。

至於滿天飛舞的各種股市傳聞消息，有時不必太認真，當笑話聽聽就行。

3-8

該存股，還是賺價差？

你丟我撿賺價差的零和遊戲，
或存起來和大家獲利共享

💰 評估報酬時，必須同時考量風險與時間

常見的各種投資工具，主要獲利來源大致分為兩種：**價差報酬**（資本利得）和**配息報酬**。

如果依照工具再細分，台幣定存和儲蓄險都以利息為主；期貨、選擇權、權證、黃金石油、虛擬貨幣等這類工具都不配息，屬於價差型工具；而不管是股票、債券、基金、ETF或外幣，甚至是房地產，則同時可獲得價差與配息報酬。

即便如此，也不代表投資股票一定優於期貨，或存外幣就一定能打敗台幣，因為在評估**報酬**時，還必須同時將**風險**與**時間**的因素納入考量才公平。

以投資股票要獲得5%的報酬率來說，有一種是投資每年穩定配息的大型牛皮績優股，因為那幾乎沒有什麼風險，也不用整天焦慮擔心，不管世局如何紛擾，這種公司的股價始終聞風不動，一年過後5%入袋輕而易舉。

另一種是在市場暴跌時勇敢危機入市，當沖搶反彈加上融資再槓桿，短短幾天要獲利5%也絕不是什麼難事。

一樣都在股市投資，卻存在兩種截然不同的操作方法，但相同的地方在於，前者是花時間省風險，耐心等待開花結果，後者則是冒風險省時間，積極操作放大報酬。假設後者操作價差平均每個月有5%獲利，換算為1年報酬即為存股的12倍！也就是存股12年才能達成的目標，操作價差1年就能達到，整整少奮鬥11年，聽起

來是不是非常吸引人？

💰 賺價差，是你丟我撿的零和遊戲

但事情偏偏就是沒那麼美好，因為「每月 5％獲利」是個假設，也就是**很假的預設**，「每月 5％獲利」這幾個字讀來簡單，實際上要達到卻非常困難，偶爾一、兩個月或許可能，但要每個月都 5％就相當不可能，為什麼？

原因在於**價差操作的本質就是一種「零和遊戲」**，也就是一方收益的必定來自另一方的損失，一正一負總和為零，總數恆定。

假設 A 原本以 100 元買進一顆球，後來以 105 元將球轉手賣出，代表有另一個人 B 以 105 元將球買入，105 元對 A 來說是獲利 5 元，但對 B 來說卻是買進成本，也就是 B 多背負了 A 的獲利。如果 B 等了半天價格沒有上漲還不幸跌回 100 元才賣出，此時 B 就實現了這個賠給 A 的帳面損失。但如果 B 很幸運地遇到上漲，在 110 元賣出賺了 5 元，便代表 A 賠了 5 元給 B，因為這 5 元本來是 A 可以賺的。

在股市投資裡，價差的實現就是損益互轉的過程，如果在這場賣球遊戲裡，每個玩家能夠取得的評價資訊都差不多，每次完成的交易，不論買方或賣方，勢必有一方做出錯誤決定。

我們基於種種理由認為此刻得賣，別人也卻評估完各種指標覺得現在該買，在所有人實力相同的情況下，即便這次賣對了，又如何確保下次我們還能繼續「正確」呢？

更不用說在真實世界的股市裡要拚「實力」,靠的是資金、人脈、消息,什麼資源都沒有的玩家,在場內會被慘電也不意外了,這是一般散戶在操作價差時非常吃虧的主要原因。

💰 存股,是共享獲利

若選擇配息報酬的投資方法就相對容易多了,投資者不積極追求價差,而選擇長期持有,由所有股東共同參與公司成長,並分享獲利的成果。投資者以股息殖利率來決定合理價位,透過每年的配股配息持續降低原始成本,以時間換取穩定報酬與安全邊際。

多數時間在買進之後僅需耐心等待,不必費心盯盤較勁,可將大部分的等待時間做更有效的運用,不論是陪伴家人、職場衝刺或提升競爭力,對一般散戶來說,是較為簡單且公平的投資策略,選擇公司的評估指標也以財報、獲利、營收等基本面為主。

以領取配息為核心的存股標的,多半具有幾種共通特性:

❶ 獲利穩定:能夠每年持續配息,為股東提供穩定的現金流。

❷ 產業龍頭寡占地位:護城河又大又深,競爭者難以入侵掠奪成果。

❸ 低波動:抗跌緩漲,股價能充分反應業績,不隨市場循環大起大落。

其實，同樣的原理套用在投資房地產上也相同，如果房子地點交通方便、生活機能周全、人口持續移入，租客源源不絕，租金報酬自然穩定，房價也比較不容易受景氣影響。

💰 分帳操作，用 10% 資金管理貪心

由於配息型投資工具需要投入大量時間，但偏偏人心是肉做的，此時最棘手的敵人反而是自己，因為時間最容易磨掉人的耐性。

看別人快速致富一步登天，貪念就會引誘我們如法炮製，尤其在市場大多頭時，更難分辨那些熱血勵志的致富奇蹟，究竟是真實力還是真幸運，喝下一碗來路不明的成功雞湯，彷彿獲得無敵神力，要冒什麼風險都沒關係。這個時候如果還要你做出違反人性的刻意壓抑，就顯得不健康也沒人性。

如果你每次遇到大盤崩跌破線，不去空一下會不甘心，或看到爆量長紅亮燈漲停不追一下都會覺得對不起自己，請務必放手去空、去追！與其站在原地掙扎，還不如給自己一個練功的機會，驗證自己的投機眼光，你會發現用真金白銀買的經驗，絕對深刻且永生難忘！

不過在那之前，請牢記「10%」原則，也就是投機資金比例絕不超過總資金的 10%，而且把它們獨立成一個投機帳戶，其他九成仍然維持機械式紀律存股，如此專款專戶專用才能彼此互不影響，各自發揮功能，風險也得以控制。

　　如果投資一成「學費」能滿足人性的小小貪念，又能確保其他九成不會被一起拖下水，還能換得寶貴的實際操作經驗，怎麼算都很值得，不是嗎？

　　面對魚與熊掌不需抉擇，因為我們兩個都要！

3-9

除權息的四種股民

除權和除息的原理，
就像切披薩一樣！

💰 用披薩來理解「除權」和「除息」的原理

　　每年約從三月份開始，各上市公司依照規定，陸續公布前一年的年度財報與獲利數字之後，當年度的股利政策*就逐漸明朗，代表長達半年的「除權息行情」也開始悄悄起跑，這時不論是存股族還是價差派，都會紛紛開始卡位布局，準備看這齣股民引頸企盼的精采好戲。但不論你要買搖滾區還是要用望遠鏡，門一開跟著衝之前，得先瞭解什麼是「除權」和「除息」。

　　根據法律規定，如果一家公司決定配發「現金股利」，就必須選定一個交易日進行「除息」，這天就稱為「除息日」。由於公司的盈餘以現金配發給股東之後，公司淨值會跟著減少，就必須在股價上反應，因此有參加除息領到股利的股東，手上的持股就會被「扣除配發的股息」，以維持前後總市值的一致。

　　舉例來說，鼠師傅保管了一塊價值 60 元的比薩，平均屬於 4 位忍者龜所有，此時每份（每股）價值 15 元。有一天，鼠師傅決定獎勵忍者龜，於是將每 1 份各切 5 元的大小讓 4 位忍者龜帶回家，所以整個比薩一共會少掉三分之一（20 元）的價值，只剩下 40 元，但這剩下的比薩還是屬於 4 龜平分，因此每份價值就只會剩下 40÷4=10 元。

　　這時，每位忍者龜會有 1 份價值 10 元的比薩（還在師傅那裡），

---

*　股利政策代表一家公司針對前一年盈餘的股利分配規劃，最常見的包含「現金股利」和「股票股利」，每家公司依照經營階段與資金的需求，有可能直接配發現金、也可能只發股票，也可能兩種都發或都不發，通常在公布年報時會同時召開董事會，提出「盈餘分配案」，最後再交由股東大會通過（正式名稱為承認）。

外加 5 元的比薩已經在自己手上，可以隨時吃掉，合計價值仍是 15
元沒有改變。那塊由鼠師傅保管的比薩，每份從 15 元變成 10 元的
過程就稱為「除息」。

　　相同的原理，如果這間公司為了保留現金，決定配發「股票股
利」，由於公司的淨值並未減少，反而是增加了總股數，所以除下
來每一股的價值自然就跟著縮水，必須反映在股價上。

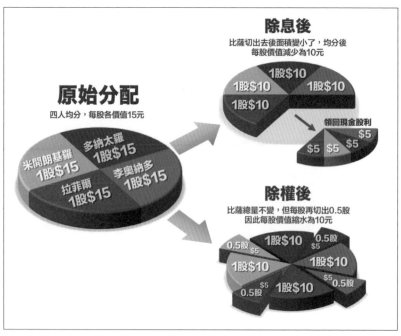

圖表 3-34　除權和除息

就好像一塊比薩 60 元，平均屬於 4 龜，每 1 份價值 15 元。這一天鼠師傅又決定獎勵忍者龜，但不打算讓他們領回任何一部分的比薩，於是想出一個辦法，把比薩重新切成 6 等分，再平均分配屬於 4 龜。此時，比薩總大小並未改變，但每位忍者龜擁有的比薩，卻從 1 份變成 1.5 份，讓他們「覺得」份數變多了。雖然因為切割數量變多了，但比薩的總面積還是一樣，所以算一算平均每 1 份的價值只會剩下 60÷6=10 元，而 1.5 份的總價值還是 15 元。這個因**為數量增加而讓股價減少的過程**，稱為「除權」，也就是「扣除配發的股權」。

💰 除權息的三大日子

在瞭解除權、除息的原理之後，想參與這場年度盛事，一定要知道三個重要的日子：**股東常會日、除息日和股利發放日**。

股東常會日：確認發放多少股利

這是最終確定要發多少股利的日子。大多數公司在公布年報時，會同時召開董事會，並提出盈餘分配案，公布今年規劃要配發多少股利，最後則必須交由股東大會承認才算完成法定程序。

但通常盈餘分配案在股東會都是順利通過，因此只要董事會確定了就幾乎是定了，不太常有什麼太大變數，它有點像是頒獎典禮前先確定入圍名單的感覺。

除息日：決定是否能領股利

在經過股東會確定今年股利後，同時會決定今年的「除息日」，也就是頒獎典禮的日期。因為在除息日的平盤價就會先自動扣除股利，所以不管要參加或不參加除息的人，最晚必須在「**除息日的前一天**」完成買賣，也就是完成報名，公司才能統計到這一天為止股東是那些人，才知道要把股利發給誰。

舉例來說，台積電（2330）決定 2018 年除息日是 6 月 26 日，柴在除息前一個交易日（也就是 6 月 25 日）收盤後，手上仍然持有台積電股票，即便只有 1 股，代表柴還是台積電股東，而且已經確定這 1 股會參加今年的除息，柴就可以被編入名冊領今年的股利。

台積電 2018 年每股配 8 元，柴參加了 1 股就可以領 8 元，要是手上有 1,000 股，參加除息就可以領 8,000 元，依此類推，有多少股就領多少錢，零股（1 ～ 999 股）的配息權利和整股（1 張）完全相同。

已經參加除息的柴，即使在隔天（即除息日）或之後把股票賣掉，也不影響日後股利的領取。因為除息日的平盤價就會自動扣掉股利，代表你已經領了今年的股息，只是還沒入帳。

如果柴不想參加台積電除息，最晚就必須在「除息日的前一天」把所有台積電的股票賣掉給別人，此時柴便失去台積電股東的身分，自然就不會被編入股東名冊，也不能領 8 元的股利了。一樣的原理，即便柴在除息日包含之後又買回了台積電股票，雖然又取得股東身分，但已經無法參加今年的除息，就要等明年再說了。

股利發放日：收到股利的日子

股利實際匯入銀行交割帳戶的日期，每家公司作業時間不太一樣，通常是在除息日的 2 到 4 週後，因此參加除息，並非馬上可以領到錢。

💰 除權的一塊錢，不是你的一塊錢

現金股利，是直接以每股配發的現金計算，持有多少股直接乘就可以，相對簡單，但股票股利的計算方法比較麻煩。

如果派可星球公司今年決定配發「股票股利 1 元」，代表每 1 股可獲發「**面額 1 元股票**」，但面額 1 元不是新台幣 1 元，因為股票依照現行的通則，每股面額都是 10 元*，面額 1 元占 10 元的 10%，代表除權後股數會多出 10%，也就是說，原本持有 10 股，參加除權後會變成 11 股，原持有 8,000 股，除權後就變成 8,800 股，完全依照比例計算，零股同樣「股股等值」，不受影響。

至於除權日股價的扣除金額，也是要依照膨脹比例回除。假設派可星球除權前一日前收盤價是 55 元，配發 1 元股票股利代表股票會膨脹 10% 成為 1.1 倍，所以隔天除權日的平盤價即為 55÷1.1=50

---

* 最早期台灣並無股票面額限制，直到民國 57 年，主管機關為防堵市場混亂的情形，而統一規定公開發行公司面額一律為 10 元。此規定一直沿用至 2014 年 1 月，為因應國際趨勢與扶植新創產業，金管會修正「公開發行股票公司股務處理準則」取消了上市櫃公司股票面額 10 元的限制。不過更改股票面額茲事體大，大多數上市櫃公司為了便利會計作業，目前仍維持股票面額 10 元的慣例。

元，和現金股利的算法不同，**除息是用減法、除權是用除法**，需要特別留意。

💰 更重要的填息、貼息

台灣上市櫃公司的除權息日，大多集中在每年 6 到 8 月，也有到 9 月才除權息的公司。每一間公司的習慣都不同，但可以預見的是，從每年 3 月股利政策大致確定之後，到 9 月整波除息高峰結束這段期間，會有長達半年的除權息話題。對存股族來說，這段期間就是放山雞發金雞蛋的時候，股價通常也會出現一些有趣的變化，更是**各路人馬賺行情、湊熱鬧**的好機會。

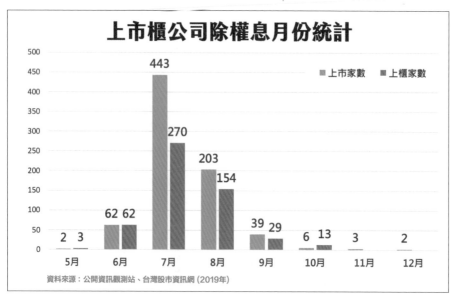

圖表 3-35　2019 年，上市櫃公司除權息月份

　　隨著各家公司的除息日陸續到來，幾家歡樂幾家愁，有人開心有人憂，真的就像在看秀一樣，不過除了看熱鬧，要看門道還得再學會兩個基本名詞：「填息」和「貼息」。

　　上市上櫃公司在除息時，股價要扣掉股利，而當股價在除完息後，又漲回到還沒除息前的價位，這就稱為「**填息**」，也就是**回填已經除掉的息**，代表參加除息的股東，被扣掉的股價已經補回來，等於是成本回到原點，又可以多領股利。

　　就像忍者龜在吃掉三分之一的比薩後，師傅那裡的比薩又增加三分之一，等於完全沒有損失，吃掉的比薩就真的是多賺到的。所以會發現，在股價尚未回填之前，除權息對股東來說，其實就是「先拿自己的錢，先發股利給自己」，只是左手換到右手，不算真的獲利，只有填息了才是真的。

　　不過這填息要花多少時間就很難說了，例如股王大立光（3008），在 2017 年曾創下一開盤 2 分鐘就填息的紀錄，2018 年也只花了短短 10 分鐘就填完，別家公司填息都以天計算，只有大立光是以「分」計算，看盤真的像在看演唱一樣 high！

　　再以台積電（2330）為例，2016 年填息只用了 3 天，但 2018 年花了 20 天才填完，所以每家公司每一年要花多少時間才能填息都不一定。

　　如果除權息後，股價沒有往上漲，反而下跌，此時不但是參加除權息而被扣掉的股價一直沒辦法補回來，還往下虧更多，等於是投資人不但沒賺還**倒貼了這些股利**，這就稱為「貼權」和「貼息」，也是參與除權息的頭號惡夢。

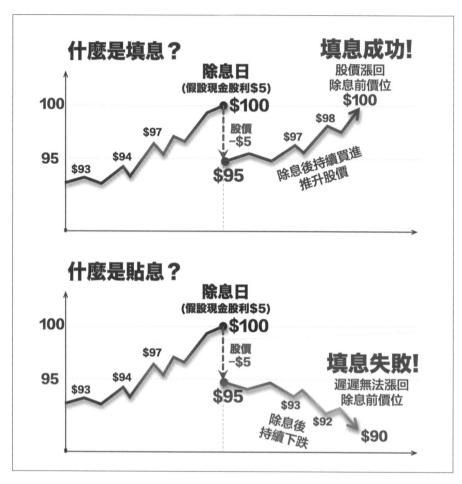

圖表 3-36 什麼是填息、貼息？

💰 除權息的生態圈

了解完填息和貼息之後，再回到剛剛的「各路人馬」，他們的

目的不太一樣，可是都不約而同會在除權息這段期間浮出水面，不管是哪一個，常用的操作方法不外乎這四種，鼠依照「參加、不參加、持股、不持股」四個變項，分成鼠、牛、虎、兔四種動物來說明：

圖表 3-37　除權息的四種股民

錢鼠：長線投資的存股死忠派

　　這類股民希望維持持股，而且參加除權息。這種最單純，大多是經年累月下來，一直有存股票的人，在除權息期間都不做任何動作，一直抱著就好了。而且他們通常在領到股利之後，會再找低點「補貨」，再繼續投入累積更多股數，屬於長線投資的存股死忠派。

　　不過既然領了股利就要併入個人所得，以立法院在 2018 年初通過的稅改新制，正式廢除已經施行多年的二稅合一制，將股利所得改為「二擇一制」。

2018 年起，有領取股利的民眾，在 2019 年 5 月申報個人綜合所得稅時，可以選擇將股利合併或分離申報。經計算後，以一般所得稅率在 20％以下的小資族，大多是選擇合併申報較有利，可享有 8.5％的抵減稅額，上限 80,000 元，等於是年領股利在 941,176 元內都免稅，所得級距 0％～5％的申報戶還有機會退稅。

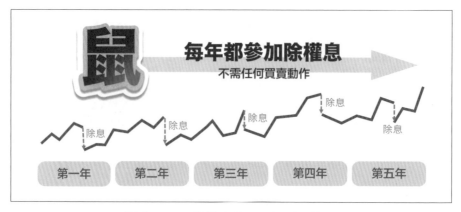

圖表 3-38　除權息的股民類型：錢鼠

大牛：為了避稅，不參加除權息，但維持持股

這類股民要維持持股，但不參加除權息，目的是為了避稅，通常都是一些主力大戶，因為他們持有的張數很多，如果參加除權息，領的股利金額動輒數百萬或千萬，這些收入如果全部併入大牛們的年度所得，要繳的稅金將會非常驚人。

因此他們會在除息前先把股票賣掉，不參加除權息，等到除完權息，再低價把股票全部買回來，以維持持股。所以這種在除權息之前賣出的動作又稱為「棄權」或「棄息」，產生的賣出壓力就叫

「棄權賣壓」或「棄息賣壓」。

　　不過，因為要維持持股，這一賣一買之間，會產生兩次的券商手續費和一次證交稅，加一加就有將近 0.6％（0.585％）的交易成本，所以到底是繳所得稅划算，還是繳手續費加證交稅划算，可能就要自己精算。

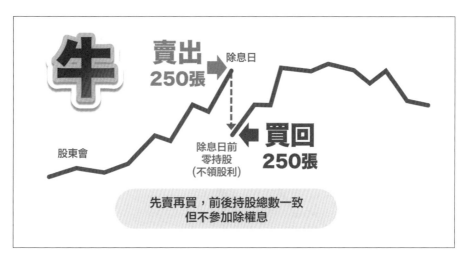

圖表 3-39　除權息的股民類型：大牛

胖虎：不持股，但參加除權息

　　這類股民不持股，但要參加除權息。假設胖虎原本沒有派可星球的股票，但看好派可星球的股價每年都會在除權息之前上漲，而且派可星球每年除息後，都可以順利完成填息，所以他會在除息前就開始買進，等到股價成功填息後再全部賣出，前後維持零持股。

　　很多胖虎都會在3、4月股利公布時，開始逢低分批布局，等於可以先賺除息前上漲波段，除息後又可以再賺填息。不過，胖虎畢竟是參加了除權息之後才賣，股利就要納入所得，還要負擔一買一賣的手續費和稅金，交易成本可說是非常高。所以「價差和股利」合計的報酬，至少要高於所得稅加證交稅加手續費才適合這麼做，不然要是行情沒上漲又貼息，那真的是慘賠，這屬於難度頗高的一種操作方式。

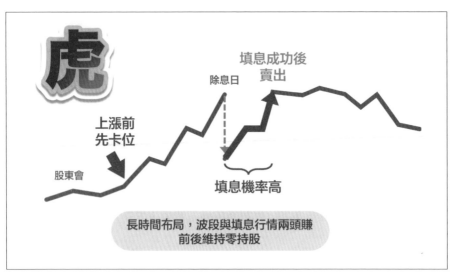

圖表 3-40　除權息的股民類型：胖虎

阿兔：不持股也不參加除權息

　　這類股民不持股也不參加除權息，就是專攻除權息前後的上漲波段，在除息前，逢高出脫全部持股，或在除息後逢低買進，填息

後賣出，以獲取除權息行情的資本利得。

這種難度也很高，布局的時間點很重要，很多都是半年前就開始慢慢在買了，不過這招也是行情走升才有用，不然一個判斷錯誤一樣會被套牢。

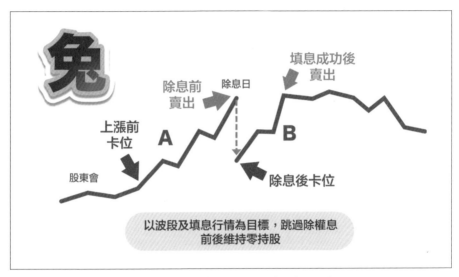

圖表 3-41　除權息的股民類型：阿兔

當然，一間公司的股票今年會不會有除權息行情可以操作，或多快可以完成填權息？會填息還是貼息？主客觀的影響因素非常多，最直接相關的，包含殖利率、本益比、EPS、法人持股狀況，還有過去幾年填息的表現，都是可以參考的依據。

不過，鼠要提醒「股價位階」對填權息的影響，因為同一間公司，在股價高時要填一元和在低位階要填一元，所面臨的難度不一

樣。如果以今年的股息算出來的殖利率，沒有達到該公司過去的平
均水準，那填息之路可能也會走得比較坎坷。

3-10

ETF，就是一種便當

ETF 就像菜色、分量固定的便當，
雖然不能選菜，但很省時方便

💰 關鍵在於「菜」怎麼選

除了股票和基金，這幾年全球更吹起了一股 ETF 熱潮。其實，美國早在 1993 年就發行了第一支 ETF*，而台灣則是在 2003 年才推出，也就是大名鼎鼎的「元大台灣 50」（0050）。

但不論是 1993 年還是 2003 年，相對於在 17 世紀就已經出現的股票，以及 19 世紀出現的基金，ETF 可說是非常新興的商品，台灣也是最近幾年才慢慢受到關注，而開始流行。

ETF 是「Exchange Traded Funds」的縮寫，直接翻譯就是「交易所買賣基金」，而台灣證交所取了一個更傳神的名稱「指數股票型證券投資信託基金」，簡稱「指數股票型基金」，簡單來說就是「追蹤指數像股票一樣買賣的基金」。

很多人可能還是不懂，那鼠換個方式說明，我們一定都有買過便當的經驗，一般會有兩種情況：一種是到自助餐店自己夾菜，另一種是買現成的便當（如台鐵便當或福隆便當）。自己夾菜的好處是可以自己決定要吃什麼，想要青菜多或肉多都可以，完全依照自己的喜好組合調整，但缺點是要花時間考慮，萬一挑到不好吃的也要自己認了。

而買品牌便當剛好相反，我們因為相信「台鐵便當」的名號而

---

* 美國第一支 ETF 是在 1993 年由美國道富（SSGA）發行的「SPDR 標準普爾 500 指數 ETF」（SPDR S&P 500 ETF 美股代號：SPY），是一支專門追蹤美國標準普爾 500 指數的 ETF，截至 2020 年 2 月資產規模約 2,600 億美元，好幾度是全世界規模最大的 ETF。

購買，便當裡的配菜有一塊排骨、半顆滷蛋和幾樣菜，好處是拿了就走，非常方便、節省時間，但如果不喜歡其中某些菜，沒得換，只能選擇要買或不買。

不論是動手自己挑或拿了就走，都得在掌控權和省時間兩者之間做出取捨。

隨著消費需求的多樣化，為了滿足那些想折衷於天秤兩端的客人，後來有店家開發出一種「指定便當」，是一種依照「特殊指定條件」搭配菜色的便當，既不用自己選菜也不用擔心菜不合口味。

例如：「派可台蛋素銷 5」的意思就是「台式蛋素食且每樣配菜一定是銷售排行前 5」，餐廳每一季會公布菜色銷售排行，例如 ABCDE，該系列的便當就只會納入這 5 道菜，要是下一季排行變成 ABCDF，E 掉到第 6 名，F 前進到第 5 名，老闆就必須把便當裡的 E 菜換成 F 菜。

於是，透過「台式」、「素食」、「前 5」、「海鮮低卡 500」、「不牛辣 10」等條件，來確認這款便當的內容是否符合我們的需求，依照各種條件搭配出來的指定便當，等於同時具有品牌便當和自選便當的優點，可以節省挑菜的時間，一樣是拿了就走，又可以確保便當配菜符合某些條件，是自己想吃的，於是這種便當就越來越受到消費者歡迎。

回到投資理財的世界，「自選便當」指的是股票、「品牌便當」則是基金，而有條件選菜的「指定便當」就是 ETF，其本質就是一種基金，也可以算是一種品牌便當，只是裡面的內容和傳統基金比

較起來更透明，投資人更容易了解這個基金的持股規則。

前文提到ETF是「追蹤指數像股票一樣交易的基金」，其中「**追蹤指數**」即「選菜條件」，也就是限定一檔基金必須根據這項指數，投資特定股票或標的。例如，「台灣50」（0050）就是專門追蹤「台灣50指數」的一檔ETF，所以「指數」可說是ETF存在的基礎之一。

💰 什麼是指數？

金融市場的「指數」，簡單來說是一種表徵特定群體狀態的量化指標，例如：代表美金升貶的「美元指數」（USDX）、代表美國科技類股表現的「納斯達克指數」（NASDAQ），還有我們台股大盤的「加權股價指數」（TAIEX），就是用來表示集中市場中所有上市公司漲跌狀況。

在台股還有各種不同的指數，像是電子指數、金融指數、台灣50指數、台灣高股息指數……，指數編撰的型態非常多，包含：產業類別、貨幣原物料、高低排名、波動狀況，連公司評鑑排名都可以成為一種「公司治理100指數」。

納入指數的公司，其股票就稱為「**指數成分股**」，例如：Facebook、Amazon、蘋果、微軟等科技公司，是納斯達克指數的成分股；而麥當勞、可口可樂、蘋果、微軟、波音……則是道瓊工業指數的成分股。

依照指數編撰的目的不同，同一間公司可能是許多不同指數

的成分股，例如：兆豐金（2886）同時是四個指數的成分股：金融、台灣50、高股息、公司治理100。在指數的名稱最後面的50、180、300、500等數字，代表納入幾家成分公司。

ETF和一般基金最大的差別是必須「追蹤指數」，設法讓基金的淨值可以貼近指數的表現，意思是基金經理人會買進同樣的成分股，以相同的比例持有，達到**複製該指數**的效果。

舉例來說，台灣50 ETF，為了要追蹤「台灣50指數」採用的是「完全複製法」，也就是基金經理人會買進所有被台灣50納入的公司，並依照相同的權重持股，例如：台積電占台灣50成分的40％，ETF就一樣配置40％、鴻海占5％、聯發科占3％……依此類推，一路買到第50家。

透過完全複製模仿指數成分股的方式，讓ETF淨值的漲跌，得以貼近該指數的變化，當指數漲，淨值就跟著漲，指數跌淨值就跟著跌。ETF以每1,000單位為一張，放到股票市場上，像股票一樣，讓投資人可以自由交易買賣轉讓，用這種方式間接地讓這些依照各種目的編撰出來的指數，透過證券化的方式讓投資人可以參與。

所以ETF是可以在股票市場自由交易的基金，交易時間和相關規定也都跟股票差不多，如果你會買賣股票，就會買賣ETF，一樣是經由券商辦理買賣交割，不過這和一般基金透過銀行或基金平台申購或贖回，就是很大的差異了。

💰 ETF 和一般基金的最大差異：主動與被動

除了交易方式，ETF 和一般基金還有一個很大的差異，就是「主動和被動」。

一般基金就是把錢交給基金公司（投信），根據基金經理人的專業「主動」幫我們選定投資標的、決定要買哪個國家、哪些公司的股票、債券或貨幣等，透過他們的專業操作，幫我們基金投資人賺錢，獲利就反應在基金淨值上，當淨值漲得越高，投資人手上握有的單位就越值錢。

但 ETF 剛好相反，其經營目標是為了追蹤「指數」，最佳的狀態是 ETF 淨值變化可以跟標的指數完全一致，所以 ETF 的經理人是「被動地」買進與指數相同的成分股，連比例都完全複製。

只要被追蹤的指數調整了成分股，不論是成分權重調整，或成分公司刪除及納入，ETF 經理人手上的持股就要跟著調整，不主動判斷或採取避險措施，也因此被稱為「被動型基金」，這是和一般主動型基金最大的差別。

也因為經理人對於 ETF 所需的管理程度較低，也不需要研究團隊出具報告，國外甚至有許多 ETF 都是機器人（程式）自行運作，人事成本較低，管理費比主動型基金低很多，加上 ETF 的證券交易稅 0.1％也比一般股票低，因此受到許多投資人的歡迎。（見圖表 3-42）

不過要提醒的是，雖然買賣 ETF 的方法跟股票一樣，但股票代

表的是公司，有營收、財報、本益比、股東權益、營業項目等資料可以分析研究，而 ETF 是一種基金，不是一間公司，對應的是一個編撰出來的指數，自然也不會有財報、籌碼等資料可以研究，做功課的方向就也不太一樣。

比較項目	股票	ETF	基金
投資人操作方式	自行購買個別公司股票	資金交由投信公司共同投資股票／債券／貨幣等商品	資金交由投信公司共同投資股票／債券／貨幣等商品
投資標的	自選特定公司股票	連動特定指數之成分股或期貨	選定之一籃子股票、貨幣或債券等
人為因素	高（完全由投資人自主決定）	低 - 被動配置（經理人需配合指數成分被動調整持股）	高 - 主動配置（由經理人專業判斷主動調整）
投資人介入程度	高（自行選股操作，掌握度最高）	中（委由基金經理人追蹤特定指數）	低（完全交由基金經理人配置操作）
交易成本（1 買 1 賣合計）	0.585%（券商手續費 0.285%+ 證券交易稅 0.3%）	0.385%（券商手續費 0.285%+ 證券交易稅 0.1%）	平均 0.5%~1.5% 申贖手續費（依商品／折扣／通路而異）
持有成本	無	管理費 0.05%~0.99%（於淨值內扣）	管理費 1%~3%（大多於淨值內扣）
交易管道	透過券商於股票市場直接買賣	透過券商於股票市場直接買賣	透過銀行／基金平台／券商等通路買賣
計價單位	每股市價（每張 1,000 股）	每單位市價（每張 1,000 單位）	每單位淨值
交易時間	開市日 9:00-13:30 可即時買賣	開市日 9:00-13:30 可即時買賣	依基金公司規定，非即時交易

資料來源：台灣證券交易所

圖表 3-42　股票、ETF 和基金的差別

3-11

股票世界的各種 ETF，
服務各種投資人

當心槓桿型和反向型 ETF，
不適合長期持有

💰 不必複委託，也能投資全世界

自從有了 ETF「指定型便當」的發明，投資人就像是跟哆啦 A 夢借了任意門，讓我們在台灣，就可以買到世界各地不同款式的指定商品。不管是美國、日本、中國、黃金石油、貨幣債券、不動產，過去需要自己到國外開戶或經過國內券商複委託*才能辦到，現在只要購入 ETF 等於間接持有這些指定的投資標的，參與國際市場也比以往更容易。

但你也許會好奇，這跟基金的原理不是一樣嗎？沒錯，ETF 本質就是一種基金，只是它的走勢會近乎機械式地貼著某個指數，即便這個指數哪一天出現不合理的崩跌，ETF 的淨值也會跟著急墜，基金經理人不主動避險，這就是 ETF 和一般基金最主要的差別。

可是，為什麼會有人想去購買一個跟著「特定指數」漲跌的商品？而不把錢交給專業的基金經理人，讓專家幫我們投資賺錢不是更好嗎？

原因很簡單，因為基金經理人和我們一樣「是人不是神」，只要是人，就會有各種主觀的人為判斷，特別是主動型的共同基金，經理人的「判斷品質」或基金公司的「政策因素」都會影響經理人的持股和配置，表現的好壞，最後都會反映在基金績效。

如果我們手上買的主動型基金，即便有專家幫忙操盤，還繳了

---

* 複委託正式名稱為「受託買賣外國有價證券業務」，意即台灣投資人先委託國內券商，再委託他國券商進行他國股票買賣，因為經過兩次委託動作，故稱為「複委託」。

較高的基金管理費，績效卻遲遲無法贏過該市場的平均表現，便會有部分投資人開始反思：為什麼不被動跟著市場走就好？此時，ETF 就成為了另一種選擇。

舉例來說，台股大盤從 2017 年 1 月 9,252 點到 2019 年 12 月的 11,997 點，總共漲了 29.6％，而和大盤幾乎完全連動的台灣 50（0050），兩年半下來股價也跟著大盤從 71.7 元漲到 96.9 元，漲了超過 35％，不含息的報酬就高於大盤將近 6％。

如果再把 0050 這三年配發的股利 8.3 元*都算進去，等於是漲了 46.8％，也就是投資台灣 50 ETF 三年的總報酬率超過四成，打敗大盤將近 17％。如果你手上剛好有台股基金，或許可以查詢同樣這段期間的基金含息績效有沒有超過五成，如果有，那代表基金經理人很厲害，不但有站在浪上，還可以衝得比浪還高。

但如果你的台股基金這段時間只有不到 50％ 的績效或甚至是負的，那代表連道浪都沒站上去還沉到水裡，與其這樣，還不如買 ETF 就好，因為跟著浪飄隨便都有超過四成的報酬率。這就是這幾年非常流行的「指數化投資」，ETF 就是一種指數化的投資工具，加上 ETF 交易成本更低、買賣也更容易、流動性更高，這就是很多投資人喜愛 ETF 的重要原因，所以台灣規模最大的 ETF 已達六、七百億元。（見圖表 3-43）

美國股神巴菲特曾有個驚人之舉，他在 2007 年跟一個華爾街投資專家對賭 50 萬美元，押寶十年後他選定 ETF 的投資績效，將勝

---

* 台灣 50 在 2017、2018、2019 年股利分別為 2.4、2.9、3 合計為 8.3 元。

台灣前十大上市 ETF				台灣前十大上櫃 ETF			
排名	ETF 名稱	代號	規模（億／台幣）	排名	ETF 名稱	代號	規模（億／台幣）
1	元大台灣 50	0050	624	1	元大 AAA 至 A 公司債	00751B	736
2	元大台灣 50 反 1	00632R	568	2	中信高評級公司債	00772B	693
3	元大高股息	0056	357	3	國泰 A 級公司債	00761B	679
4	新光中國政金綠債	00774B	264	4	群益 10 年 IG 金融債	00724B	646
5	元大滬深 300 正 2	00637L	214	5	富邦 A 級公司債	00746B	568
6	元大 S&P 原油正 2	00672L	187	6	國泰中國政金債 5+	00744B	457
7	富邦上證正 2	00633L	134	7	FH 中國政策債	00747B	450
8	元大全球未來通訊	00861	131	8	元大美債 20 年	00679B	442
9	FH 彭博高收益債	00710B	124	9	群益 15 年 IG 科技債	00723B	416
10	FH 彭博新興債	00711B	116	10	富邦美債 20 年	00696B	413

資料來源：台灣股市資訊網（2020 年 2 月）

圖表 3-43　台灣前十大上市櫃 ETF

過專家所選的那些以主動管理型基金為主的組合基金。

結果長達十年的賭局在 2017 年底結束，巴菲特在 2018 年給股東的公開信中揭曉最後結果，他選的那檔只追蹤美股 S&P500 指數的 ETF ＊，十年下來總報酬率是 125.8％，而對手選的五檔組合基金

平均卻只有 36％。

也就是說，十年前用 100 萬元買追蹤美股大盤的 ETF，十年後已經變成 225 萬，而一樣的錢買五支主動型基金平均則只變成 136 萬。意思是巴菲特只單純買美股大盤指數，十年下來的報酬就能贏過華爾街專家超過三倍！

這個賭局證明了一件事：「投資不必複雜。」巴菲特在 2017 年寫給股東的公開信中，提到一句很有趣的俗諺：「當一個有錢人遇到一個有經驗的人，結果有經驗的人會變有錢，而有錢人往往會帶著『經驗』離開。」（When a person with money meets a person with experience, the one with experience ends up with money and the one with money leaves with experience.）意思是，當人們在爭相競逐專家明牌和高超的選股操作策略時，如果把時間拉長來看，其實還不如去投資大盤就好。

不過投資的世界，也是充滿夢想的世界，人們總是多了還要更多，不只上漲要賺，下跌也想賺。只要有需求存在，供給就會不斷出現，於是 ETF 開始衍生出許多不同的樣貌，以服務投資人的「各種想像」。（見圖表 3-44）

目前台灣已經核准發行的 ETF 約分為三大類，最基礎的是「原型 ETF」，這些基金是直接持有指數成分公司的股票，並隨指數成分被動調整。像是台灣 50、台灣高股息（0056）屬於國內股票型的 ETF。

---

* Vanguard S&P500 ETF（VOO），可以把它想像成美國版的台灣 50。

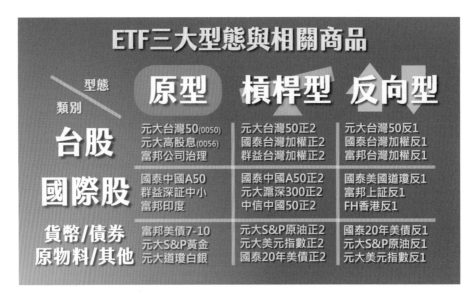

圖表 3-44　台灣常見的 ETF 種類

　　此外，還有連動美國道瓊／標普、大陸上証／深証、日經指數等國際股市型的 ETF，更有連動貨幣原物料的美元、黃金、石油 ETF，現在連 VIX 指數（俗稱恐慌指數），也都有國內投信推出相關連結的 ETF 商品。

　　除了種類多元，有些以台股為主的 ETF，每年還會拿這些成分股配發的股利，在扣除相關成本後，再分配給 ETF 的投資人，像 0050 在每年 1 月和 7 月會各配一次、0056 則是每年 10 月配息。

　　這兩檔 ETF 最近幾年平均下來，殖利率約有 3％～ 6％，以台股來說，雖然只能算是平均水準，但在 ETF 裡要找到能穩定配息的卻相當稀少。不過要注意的是，ETF 配息跟股票一樣要除息，所以也是在填息後，配息才算是真正入袋。

代號	名稱	項目	2011	2012	2013	2014	2015	2016	2017	2018	2019	平均
0050	台灣50	現金股利(元)	1.95	1.85	1.35	1.55	2	0.85	2.4	2.9	3	1.98
		年均殖利率	3.5%	3.5%	2.4%	2.4%	3.0%	1.3%	3.1%	3.6%	3.6%	2.8%
0056	台灣高股息	現金股利(元)	2.2	1.3	0.85	1	1	1.3	0.95	1.45	1.8	1.32
		年均殖利率	8.5%	5.5%	3.6%	4.1%	4.3%	5.7%	3.8%	5.6%	6.7%	5.3%

資料來源：台灣股市資訊網（此殖利率以當年股利除以全年平均股價）

圖表 3-45　2011 年～ 2019 年，0050 和 0056 的現金股利與平均殖利率

💰「槓桿型」和「反向型」ETF：越抱越虧，不宜久留

除了前述各種「原型」ETF，後來又開放了「槓桿型」和「反向型」的 ETF，其中槓桿型代表淨值的單日漲跌會是該指數的倍數放大，ETF 名稱最後會有「正 2」二字，也就是當日指數漲 1%、淨值會正向 2 倍放大漲 2%，要是指數跌 2%，淨值會跟著跌掉 4%。

投資人透過持有這種 ETF，便能夠獲得類似融資信用交易的效果，例如「台灣 50 正 2」或「滬深 300 正 2」都是知名的槓桿型 ETF。

其實，美國還有很多是 3 倍槓桿的 ETF，在 2017 年美國證交會（SEC）甚至已核准 4 倍的 ETF，不過這些高槓桿商品對一般投資人來說，風險實在太大，在台股恐怕不容易出現。

但不論是原型或槓桿型 ETF，淨值表現和指數的漲跌都是同方向的，而反向型的 ETF 報酬則是和指數走向完全顛倒，也就是當天

指數漲 1％，ETF 淨值會跌 1％；反之，要是跌 2％，則 ETF 會漲 2％。

淨值和指數呈現反向 1 倍的漲跌，持有這類 ETF 可發揮類似融券放空的效果，指數越跌越賺。你或許會好奇這究竟是怎麼辦到的？如果把原型 ETF 比喻成「現股」，槓桿型與反向型就是 ETF 世界裡的「融資」和「融券」，這兩種 ETF 大多是透過買進或放空與該指數連動的期貨（如台指期、中國 A50 期），來達到倍數放大或反向報酬的效果。（見圖表 3-46）

不過，要特別注意這兩種 ETF 都有個共同的先天缺陷就是「單日報酬」，意即報酬是每天重新計算，因此長期累積會因為複利計算的關係，而導致淨值與指數偏離。

以反向型 ETF 為例，指數第一天漲 5％、第二天再漲 5％，兩天合計的漲幅不是 10％，而是 10.25％；反向 ETF 第一天跌 5％、第二天再跌 5％，合計跌幅則是 9.75％。*照理說，指數兩天累計漲了 10.25％，反向 ETF 也應跌 10.25％。但實際上，累積上漲卻會大於累積下跌，兩者在第二天就偏離了 0.5％，如果第三天指數再漲 5％；反向 ETF 再跌 5％，第三次複利計算之後，兩者偏離值會擴大到 1.5％。

由此可見不論漲或跌，指數與反向 ETF 報酬率會隨時間累積而

---

*　假設指數原值為 100，第一天漲 5％後為 100×105％ =105，第二天再漲 5％為 105x105％ =110.25，兩天合計上漲 10％，但原值卻上漲 110.25-100=10.25；假設追蹤該指數的反向型 ETF 原值為 100，第一天下跌 5％後為 100×95％ =95，第二天再下跌 5％為 95x95％ =90.25，兩天合計下跌 10％，但原值只下跌 100-90.25=9.75，因為每日漲跌皆以前一日為基準重新計算，因而產生複利偏離，如果這漲跌 10％不是連續兩日合計，而是發生同一日內，漲跌幅理論上會趨於一致，這便是槓桿與反向型 ETF 都會在名稱出現「單日」的原因。

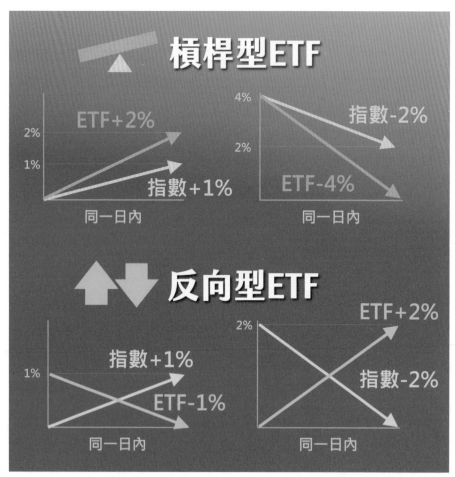

圖表 3-46 「槓桿型」和「反向型」的 ETF

互相偏離，持有越久要擔負的偏離值就越大，再加上期貨會有到期
轉倉（換約）的交易成本及期貨的追蹤誤差，最後都會反映在 ETF
淨值的減損。結論是，槓桿型和反向型的 ETF 都會「自動扣血」，

就像遊戲主角中毒一樣，拖越久損血越多。

　　雖然這兩種 ETF 跟現股一樣，沒有持股時間的限制，想抱到天荒地老也沒人管你，但就長期效益看來，投資人需承擔的風險卻很高，因此主管機關規定，想買賣這兩種 ETF 要有信用交易帳戶，並確認風險同意書才可以，不是開一般證券帳戶就可以買，所以不熟悉期貨或融資券交易原理的投資朋友，建議不要輕易投資槓桿型或反向型的 ETF，這類商品只適合短期避險或短期做多，不利於長期持有。

3-12

台灣 ETF 兩大明星：
0050、0056

眾所矚目的 ETF 兩大明星，
究竟誰輸誰贏？

💰 誰適合存股？先搞懂三大差異

台灣自 2008 年金融海嘯後，利率長期處於低檔，錢放在銀行雖然沒什麼風險，卻也無利可圖，所以「存股」一直是定存族提高報酬的一種配置選擇。

近幾年，台灣投資人對 ETF 的接受度越來越高，它除了具有低交易成本的先天優勢，有些原型 ETF 還能每年提供穩定的配息，於是慢慢受到許多存股族的青睞，納入分批布局、長期持有的名單，其中最知名的就是「台灣 50」（0050）和「台灣高股息」（0056）。

這兩檔原型 ETF 成立時間都超過 10 年，且來自同一家公司，但追蹤的指數不同，持股邏輯也不一樣，因此這兩檔經常被拿來比較，哪一個「更好」，就一直是存股界的熱門話題。

我們且將勝負放一邊，其實光比較 0050 和 0056，也可以增加不少對 ETF 的認識。鼠舉出三個最重要的差異。

高股息指數，並非完全客觀的排名

首先，0050 追蹤的是台灣 50 指數，組成依據是台股市值最大的 50 家公司，也因為排名前 50 的公司加總規模非常大，市值占整體台股大盤將近七成，所以不用九百多家上市公司全買，幾乎可以反應整體大盤的表現，也因此 0050 才會成為台股指數化投資的標的首選。

0056 則是標榜高股息，追蹤的是「台灣高股息指數」，該指數

是從台灣 50 和台灣中型 100（市值排名 51 ～ 150）中，挑選出預估未來一年「現金殖利率最高」的 30 家公司，而編撰出來的指數。

意思是，從排名前 150 的雞裡面，再挑出最會下蛋的 30 隻雞來養。持有 0056 就是持有台股大型上市公司裡，殖利率最高的 30 家，有一種上前三志願又讀資優班的感覺。不過要注意一個關鍵字「預估」，意思是這個「高股息指數」納入的 30 家公司，並非完全客觀的排名，而是透過資料庫*進行模組預測的結果，這就是 0050 和 0056 第一個最大的差別。

周轉率不同

此外，在先前的章節曾提到，0050 是透過「完全複製法」來達到追蹤台灣 50 指數的效果，而 0056 也是採用完全複製來持有這 30 家公司的股票。所以只要高股息指數裡的成分股一調整，0056 的持股就得跟著改，ETF 的淨值才能貼近指數的表現。

不過引發討論的地方在於，高股息指數的成分權重並不像 0050 是依照市值大小分配，而是用殖利率高低當作依據，也就是這 30 檔股票中誰殖利率越高，占指數的權重就會越高， 0056 的持股比例就會跟著越高。

萬一這間公司殖利率因為股價走高或股利縮水而掉下來，占高股息指數的權重降低，或被從成分股刪除，0056 的持股比例就會跟

---

* 根據 0056 的基金說明書，採用國際專業財金資料庫「湯森·路透」（Thomson Reuters）所預測未來一年的現金股利，未列入該資料庫者則以「富時指數有限公司」（FTSE）的歷史現金股利殖利率資料代替。

著下修或出清持股，由此可知 0056 的持股調整頻率一定會比 0050 還高，為什麼呢？必須先了解兩個概念：

❶ 公司「市值大小」與「殖利率高低」並非正向關係，因為最大的雞不見得最會生蛋，會生多少蛋也與體積大小無關。

❷ 殖利率並非一個固定值，會隨股價和股利改變而動態起伏，分母和分子都會改變計算結果。

如果一個指數是依照「市值排名」編撰，那每一季再怎麼重排就還是那幾家，頂多是最後面幾名偶爾會換，因為大型上市公司的市值排名不會沒事一直大風吹。例如，台灣 50 的指數成分股平均每一季都只調整一名，有時則完全沒有調整，當 0050 完全複製它時，每季的持股狀態自然也不會有太大變化，所以 0050 每年的周轉率＊才能維持那麼低。

但 0056 就不一樣，因為是用「殖利率高低」做權重的核心依據，除了殖利率變動會影響成分占比，還會因為每家殖利率都很接近，指數又只納入 30 名，只要降個百分之零點幾的殖利率，就很難維持在前幾名，下次這道菜就可能得被便當店老闆換掉了。

鼠根據投信公會的資料整理出 0050 和 0056 近幾年的周轉率，可以發現 0056 的年周轉率大約都在五成，也就是平均每年有一半

＊ ETF 年周轉率可以簡單理解成「便當菜色更換的百分比」，例如，年周轉率 50％，代表這一年內有一半的配菜被換掉、周轉掉了，100％ 就代表今年全部的配菜都換一輪了，換句話說，周轉率越低代表持股越穩定，很少在更換持股，這就是 0050 的特色之一。

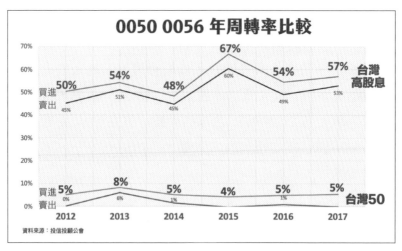

的持股會被換掉，但台灣 50 卻只有 5% 而已。

也就是說，如果便當的配菜這週是苦瓜，下週變成豆乾，之後又變成滷蛋，叫貨的廠商三天兩頭一直換，頻繁的轉換成本自然會反映在便當的價格上。對本質仍是基金的 ETF 來說，高周轉率會對淨值產生耗損，整體績效就容易受影響，這就是第二個常被討論的差異。

圖表 3-47　0050 和 0056 年周轉率比較

持股比例不同

最後一個要提醒的是，「大者越大」的現象！也就是他們的持股比例。

圖表 3-48 是 2003 年 0050 剛發行時的 50 家公司持股比例，台

積電占 16％、聯電 6％、台塑 5％……一直到第十名的中信金 3％。
在成立 16 年之後的 2020 年 2 月持股比例，台積電仍然最高，但占
比從 16％倍增到 40％，第二名鴻海 5％，第三名聯發科只剩不到
3％。

發現了嗎？第 1 名的持股比例大幅成長，但第 3 名之後的占比
全部縮減，也就是說，現在的 0050 有四成持股是台積電，未來想
掌握 0050 的走勢，就要同時關心台積電的發展，因為它對 0050 的
影響力已經越來越大。

而 0056 在 2020 年 2 月的持股比重，你會發現公司的占比都不
會差很多，比較平均分散在各家公司，也因此單一公司的股價漲跌，
對 0056 的影響不像 0050 那麼大，這就是第三個重要差別。

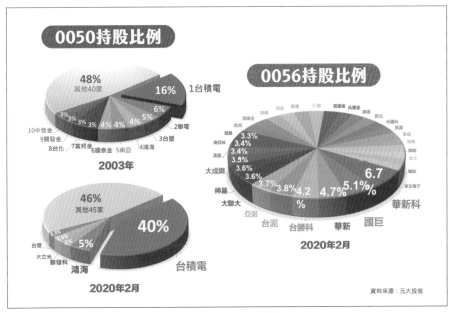

圖表 3-48　0050 和 0056 持股比例不同

當然除了以上三點，還有許多不同之處，鼠再加上其他幾項一起評比：

比較項目	0050	0056
(1) 選股邏輯	市值排名前50(較客觀) **勝**	預估殖利率排名前30
(2) 年周轉率	約5% **勝**	約50%
(3) 持股分散度	40%集中在台積電	**勝** 各公司約3%~4%(較為平均)
(4) 價位區間	約80~90元	**勝** 約26~29元(較容易入手)
(5) 近三年殖利率 (2017、2018、2019)	3.1%、3.6%、3.6%	**勝** 3.8%、5.6%、6.7%
(6) 總管理費用	0.43% (2019年度) **勝**	0.76% (2019年度)
(7) 日成交量	約5,000-10,000張	**勝** 約8,000-12,000張

資料來源：台灣證交所、公開資訊觀測站、台灣股市資訊網 (2020年2月)

圖表 3-49　0050 和 0056 的各種比較

但這張圖表絕對不是誰的勝比較多就一定比較好，因為每個人在意的評估項目不一樣，比較出來的結果也會不一樣。

而且 0050 和 0056 也不是只能二選一，現在很多投資人都是兩個輪流買，例如有一派主張用 0050 賺波段價差，畢竟 0050 和大盤的連動較高，0056 波動係數較低，適合穩穩地賺股利，但有另一派的建議是完全相反，各有不同的見解。

不論如何，透過分析這兩檔台股的 ETF 明星，以及它們之間的幾個重要差異，不僅可以更深入認識 ETF 的組成原理，還可以學會更多評估 ETF 的方法。也可以將同樣的分析模式套用在其他不同種

類的 ETF，試著探索各種 ETF 用什麼方法追蹤什麼指數，以及指數
編撰的內涵，對剛接觸 ETF 初學者來說，會是很有幫助的練習。

3-13

定期定額真的萬無一失？

盲目投資定期定額，
小心 Bug 偷偷吃掉你的錢

💰 懶人投資不需擇時的矛盾

在投資理財領域的各種報導或文章，經常會聽到這樣對「定期定額」的描述：

「只要在每個月固定的時間投入固定的小筆金額，在淨值上漲（變貴）時少買一些，萬一遇到下跌時就可以多買，因此貴的少買，便宜的多買，平均下來自然就降低了成本。因此不需要看時機，也不用關心淨值高低，只要每個月 3,000 元持續扣款，接下來就可以安心等待豐收，原來投資也可以這麼輕鬆……」

在投資工具越趨多樣化，商品結構也越來越複雜難懂時，這樣的懶人投資術，成為許多小資族在面對「擇時難題」與「資金門檻」時的完美解決方案。

因此，這股定期定額風潮不僅在傳統的基金領域廣受歡迎，後來也慢慢吹向了黃金、零股和 ETF，不僅主管機關鼓勵年輕人定期定額，銀行、券商、投資機構也紛紛推出以定期定額為訴求的各式商品，彷彿任何商品只要**定期定額**買進就萬無一失。

但真的是這樣嗎？

理想和現實總是有不小的差距，慢慢地在兩、三年後，或許你會漸漸發現，怎麼別人的定期定額都賺錢，而自己卻默默地持續在賠錢？最後陷入進退兩難的困境，不知該停損贖回，還是該繼續扣款往下攤平？或者只要一個大跌，累積的獲利又全部回到原點。

當我們發現多數人都在吹捧的一種投資方法好處時，就得更注

意那些經常被略過的先天限制和必要條件。以定期定額的投資方法
來說，其實就藏有兩個影響獲利 Bug（缺陷），卻很少被注意。

💰 定期定額與單筆的最大差異

「定期定額」顧名思義就是「固定期間投入固定金額，買進特
定商品」，而和定期定額相反的「單筆買進」，則是由投資人自行
選定一個時間點，投入一大筆資金一次買進，所以只會有一個成本，
買進的時間點就非常重要。

以定期定額買蛋為例（見圖表 3-50），假設每個月蛋價在 2 元、
5 元、10 元之間上下波動，我們每個月都固定拿 10 元買蛋，第一
個月蛋價是 2 元可以買 5 顆，平均每顆是 2 元；第二個月蛋價漲到
5 元只能買 2 顆，兩個月平均成本是 2.86 元，再下個月蛋價又跌回
2 元，每顆蛋平均成本又降到 2.5 元……就這樣一直投入固定的金
額，在便宜時多買、貴時少買，一年共花了 120 元，用定期定額分
批買進的平均成本約 3 元。

但如果用「單筆」的方式，在特定月份集中買進，萬一是買在
蛋價較高的 2、4、5、8、10、11 月，成本不是 5 元就是 10 元，明
顯都高於定期定額的 3 元；相反地，如果是在 1、3、6、7、9、12
月單筆買進的人，則成本會低於定期定額，這也是單筆買進「時機」
很重要的原因。

月份	1月	2月	3月	4月	5月	6月	7月	8月	9月	10月	11月	12月
投入金額	$10	$10	$10	$10	$10	$10	$10	$10	$10	$10	$10	$10
累計金額	$10	$20	$30	$40	$50	$60	$70	$80	$90	$100	$110	$120
當月蛋價	$2	$5	$2	$5	$10	$2	$2	$5	$2	$5	$10	$2
買進蛋數	5顆	2顆	5顆	2顆	1顆	5顆	5顆	2顆	5顆	2顆	1顆	5顆
累計蛋數	5顆	7顆	12顆	14顆	15顆	20顆	25顆	27顆	32顆	34顆	35顆	40顆
每顆蛋平均成本	$2.00	$2.86	$2.50	$2.86	$3.33	$3.00	$2.80	$2.96	$2.81	$2.94	$3.14	$3.00

圖表 3-50　每月定期定額買蛋的平均成本

💰 Bug 1 長期鈍化：
時間越長，分散風險能力越弱

　　瞭解定期定額和單筆的差異後，應該不難發現每次的「定期定額」就是一個個的**小單筆**所組成，好像我們把一大筆 120 元要買蛋的錢，分成 12 等分的 10 元，分月單筆買進。這樣會產生一個自然存在的缺陷：**鈍化**，也就是隨著定期定額的時間越長，其實風險分散的能力也會跟著減弱，而且用簡單的數學計算就能理解。

　　以買蛋為例，1 月花 10 元、2 月再花 10 元，總共花了 20 元。2 月新增的 10 元占總金額 50％。到了第三個月再花 10 元，此時 10 元占總金額 33％，第四個月的 10 元占總金額 25％……以此類推，到第 12 個月的新增金額只占總投入金額不到 1 成（10÷120=8.3％）。兩年後，也就是第 24 個月拿出的 10 元，只

占整體已投入金額的 4％；5 年後，第 60 個月新增的 10 元，占比
只剩 1.7％。（見圖表 3-51、圖表 3-52）

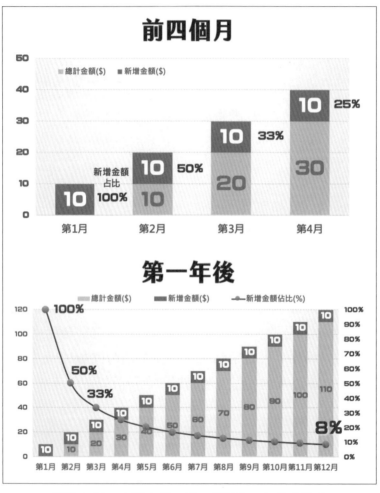

圖表 3-51　定期定額，前四個月和一年後的比較

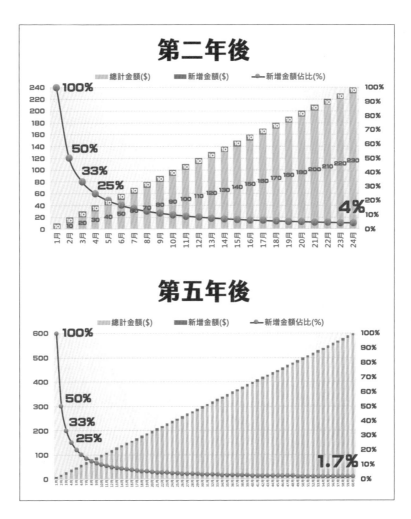

圖表 3-52　定期定額，兩年後和五年後的比較

　　隨著定期定額的次數不斷累積，時間拉長到五年之後，每次新
增的固定金額占整體比例越來越小，即使第 60 個月蛋價忽然變很便
宜（或變很貴），不論買多或買少，對整體成本的影響力也只剩不

到 2％，每個小單筆對於「分散蛋價波動風險」的能力就相對變弱
了。

假設經過 60 個月的持續買進，最後整體平均購蛋成本趨近在 3
元，幾乎不再變動，當第 61 個月蛋價漲到 5 元，此時我們已購入的
每顆蛋就可賺 2 元，如果第 62 個月蛋價下跌到 2 元，每顆蛋的獲利
又從盈利 2 元變成虧損 1 元。

最後這筆投資的損益，就幾乎完全反應蛋價的波動，無法發揮
避震緩衝的功能。（見圖表 3-53）

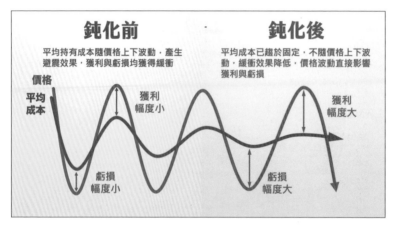

圖表 **3-53** 定期定額，鈍化前後的比較

如果將買蛋的例子加上每月成本的漲跌幅，就更能清楚看到緩
衝效果的快速遞減。4 月到 5 月蛋價從 5 元漲到 10 元，平均成本因
此提高了 16.7％，但在 10 月到 11 月蛋價出現相同的漲幅，平均成
本卻只增加 6.9％。再對比 5 月到 6 月與 11 月到 12 月，都有同樣

的蛋價跌幅，前者成本下滑 10％，後者卻只下滑了 4.5％，比起前半年，成本的增減幅度只剩一半。（見圖表 3-54）

月份	1月	2月	3月	4月	5月	6月	7月	8月	9月	10月	11月	12月
投入金額	$10	$10	$10	$10	$10	$10	$10	$10	$10	$10	$10	$10
累計金額	$10	$20	$30	$40	$50	$60	$70	$80	$90	$100	$110	$120
當月蛋價	$2	$5	$2	$5	$10	$2	$2	$5	$2	$5	$10	$2
買進蛋數	5 顆	2 顆	5 顆	2 顆	1 顆	5 顆	5 顆	2 顆	5 顆	2 顆	1 顆	5 顆
累計蛋數	5 顆	7 顆	12 顆	14 顆	15 顆	20 顆	25 顆	27 顆	32 顆	34 顆	35 顆	40 顆
每顆蛋平均成本	$2.00	$2.86	$2.50	$2.86	$3.33	$3.00	$2.80	$2.96	$2.81	$2.94	$3.14	$3.00
（增減幅）		42.9%	-12.5%	14.3%	16.7%	-10.0%	-6.7%	5.8%	-5.1%	4.6%	6.9%	-4.5%

圖表 3-54　定期定額，每月成本的漲跌幅

💰 Bug2 時間無法保證獲利：目的是分散波動風險

定期定額經過一段時間，成本固定後，繼續投入再多的單位數（或股數），只是增加體積，最終的獲利或虧損程度，還是取決於平均成本的高低。如果把時間拉長來看，基金淨值或股價沒有往上增加，而是一直維持和成本差不多的水平，其實扣再久都賺不了錢。

假設淨值還不幸往下掉，雖然單位數越買越多，但之前買的舊單位也跟著越來越不值錢，只要淨值沒回升就會持續處於虧損，絕對不是放越久就一定可以賺，因為定期定額的原始目的是用來分散

波動風險，而不是保證賺錢，這點請務必小心。

十幾年前，「金磚四國」（BRICs）這個名詞剛出現，其中巴西蘊藏豐富的原物料，加上位於美洲的地理位置有別於另外三國，使巴西在新興市場國家中特別受到矚目，巴西還接連爭取到2014年世界盃足球賽和2016年奧運的主辦權，相關的投資與觀光開發都深具潛力，錢景一片看好，因此當時以拉丁美洲和巴西為主的各種基金都超熱門。

但一切沒想像中的美好，巴西與拉丁美洲基金的淨值，從2010年開始一路走低，直到2015年底才陸續見到低點，2016年1月才開始逐漸回升，如果是在高點開始扣的人，有長達5到6年的時間是處於虧損狀態，很多可能都撐不到2016年的反彈就認賠，贖回出場了，但如果是從2016年初開始定期定額買巴西的人，目前應該都有獲利。

因此定期定額的投資策略，雖然讓我們不需要費盡心思「擇對日」才買進，但仍需要「擇對勢」，才能立於不敗之地，必須用在「穩定成長」的標的才不容易賠錢。

定期定額對於投資紀律的養成和耐力的培養有相當大的幫助，但如果可以從「相對低點」開始則會更有利，未來套牢風險也相對更低。假設在投入一段時間後成本已經趨於鈍化，也可以改用「定期不定額」或「停利再平衡」的方式來提高避險效率。

如果你剛好打算開始做定期定額投資，不管是基金、黃金、零股或ETF，建議還是得先瞭解這些商品的歷史淨值或歷史股價，看

看現在到底是相對高或相對低，先停看聽再做決定，千萬不要以為是定期定額就可以閉著眼睛扣下去。

3-14

三大投資工具的各種費用

前往不同的投資樂園玩前
注意這兩大成本，才能玩得更盡興

在開始投資前，除了搞懂商品的組成原理和交易規則，瞭解各種費用和潛在成本也是不可或缺的入門知識，雖然都是百分之零點幾的數字看起來沒什麼殺傷力，但這個扣一點、那個繳一些，長期一累積，就會嚴重侵蝕報酬率。

金融工具的費率名目不僅既多又雜，名稱還都很接近，像經理費、管理費、保管費、帳戶管理費、信託管理費，有些是多字一義，指的是同一種東西，也有的是一字多義，代表完全不同的邏輯。鼠知道你頭已昏，但沒關係，我們會幫助你徹底把它們都搞清楚。

在遭遇複雜混亂的資訊時，要能快速釐清脈絡的技巧就在「找出關聯、建立分類」，如果我們後退三步來看，這些名詞的共同關聯都稱「**費用**」，換句話說，就是投資的「**成本**」。而成本又可以大略分為兩大屬性：**個人因素**與**商品因素**。

像折扣、交易次數、轉換、匯率、持有時間和使用通路，都會因為每個人的選擇和偏好而產生差異，例如選擇的券商不一樣，手續費折扣就可能不一樣。相反地，商品成本則是要所有投資人共同分擔，像基金的經理費、保管費，都是透過商品淨值的減損來間接繳交，也就是「**內扣費用**」。

💰 兩大成本：個人成本、商品成本

我們可以用遊樂園來比喻，如果要去迪士尼或環球影城，要準備的兩個很大的成本，一個是門票，另一個則是排隊時間。如果 A、

B 兩家遊樂園，遊戲完全一樣，門票價錢也一樣，A 樂園平均排隊時間是 2 小時，這項遊樂設施要排超長，別的也要等超久，但 B 遊樂園平均排隊時間只要 2 分鐘，可以一個接著一個一直玩，門票價錢差不多，但玩起來的爽度卻差很多。

遊樂園就像金融商品，入場門票是實際要繳的費用，這稱為「顯性成本」，但有人現場買原價，也有人買團體票 9 折，每個人交易條件可能都不一樣，所以又稱為「個人成本」。而在進場後，衝去排哈利波特，就同時失去侏儸紀公園或大白鯊，每個人都要用排隊時間來換搭乘的機會，是這個樂園商品的內部成本，因此稱為「隱性成本」。

而整趟遊樂的爽度，就是「報酬率」，整體的排隊時間越短，玩的遊戲數量越多，爽度越高，報酬率越高。如果花一樣的錢入場，在 B 樂園不太需要排隊，就可以玩遍 10 項設施，但在 A 樂園再怎麼排，最多也只能玩到 7 項，有 3 項被排隊時間吃掉，感覺就虧大了。

回到投資工具，我們可以把三大投資工具裡各種複雜的費率項目，依照屬性與通路進行分類，並整理出圖表 3-55 快速理解。

💰 股票費用最單純，只有兩樣

從最簡單也最單純的股票開始，投資成本只有兩樣：**手續費和證交稅**，完全沒有商品成本，為什麼？因為買股票就像自己開車上阿里山，積極度最高，主導性最強，所以幾乎沒有什麼衍生費用。

屬性	費用項目	股票	ETF		基金	
		證券商	證券商	銀行	銀行	基金平台
個人成本	次數計算	交易手續費	買進 0.1425% 賣出 0.1425% * 基本行情 6 折 部分券商 2 ～ 3 折	買進 0.1425% 賣出 0.1425% * 基本行情 6 折 部分券商 2 ～ 3 折	買進 0.6 ～ 1% 賣出 0.1425% * 實際仍因各銀行而異	申購國內： 0.5%～ 1.5% 申購國外：債券 1.5%股票 3% * 一般 4 ～ 6 折或限時要手續費專案優惠	申購國內： 0.5%～ 1.5% 申購國外：債券 1.5%股票 3% * 一般 2 ～ 3 折或單筆零手續費，優惠各異
						贖回：一般基金較無此項（部分國外基金會收取 0.5%） 轉換：不同基金公司商品轉換時會收取，每次約 500 元（+0.5%淨值內扣） 遞延：後收型基金未達特定年限時收取，約 4%～ 1%（依持有年限遞減）	
		證券交易稅	賣出時 0.3%	賣出時 0.1% * 債券型 ETF 免徵	賣出時 0.1% * 債券型 ETF 免徵	無	無
	時間計算	帳戶管理費 （信託管理費）	無	無	年率 0.2% 於贖回時依日數計算扣除每次最低 200	年率 0.2% 於贖回時依日數計算扣除每次最低 200	無
商品成本（淨值內扣）		經理費（管理費） * 投信基金公司管理 ETF ／基金的費用	無	政府債券型：0.1%～ 0.3% 國內指數型：年率約 0.15%～ 0.4% 積反／商品型：年率約 0.9%～ 1%		年率約 0.5%～ 2% 貨幣型＜債券型＜股票型	
		保管費 * 委託第三方（銀行）保管 ETF ／基金資產的費用	無	年率 0.035% * 此以 0050 為例，ETF 費率或有不同		年率約 0.1%～ 0.3%	
		指數授權費 * 指數機構授權 ETF 追蹤該指數的費用	無	年率 0.04% * 此以 0050 為例，各 ETF 費率或有不同		無	
		上市／上櫃費 * ETF 於證交所／櫃買中心上市櫃的費用	無	年率 0.03% * 此以 0050 為例，各 ETF 費率或有不同		無	
		交易費／雜費 * 調整持股召開會議等，依實際狀況收取	無	非固定，因實際情況而異		非固定，因實際情況而異	
		分銷費 * 投信＆基金公司支付給銷售通路的費用	無	無		年率約 1% 多為後收型境外基金（如 B 股）收取	

※ 以上費率、折扣均以一般市場行情區間整理，僅供參考，各券商、銀行、基金平台及各商品費率或有差異，仍依各通路公告及商品公開說明書所載為準

※ 部分參考資料：台灣證交所、臺灣銀行、彰化銀行、元大投信、富邦投信

※ 手續費後收型基金常見代號如：B 股、C 股、C2 股、F 股、T 股、Y 股、U 股

圖表 3-55　股票、ETF、基金的各種費率項目

但要注意買進和賣出都要手續費，一般券商用電子交易基本行情都
有 6 折，實際就是 0.0855％，另外在賣出時要多繳 0.3％的證交稅。

💰 ETF 差最多在經理費

ETF 一般都是透過證券商買，但也可以透過銀行買，只不過比
較少人這麼做，因為透過券商買 ETF 就跟買一般股票一樣，交易費
用只有兩項：手續費和證交稅。0.1％的證交稅只有股票的三分之一，
如果是債券型 ETF 現在還免徵證交稅。

可是如果透過銀行申購 ETF，等於是委託銀行跟他們合作的券
商買，所以除了買賣的手續費和稅金，還要多收年率 0.2％的帳戶
管理費，又稱為「信託管理費」。雖然省了開證券戶和自己下單買
進的麻煩，但交易成本也相對增加。

在商品成本中，各 ETF 之間差異最明顯的就是**經理費**，又稱管
理費，這是請投信負責追蹤指數、調整持股比例買進賣出，管理這
檔 ETF 的薪水。會依照每檔 ETF 管理的複雜程度，有百分比高低
的差別，通常債券型 ETF 最低，經常不到 0.2％，其次是一般國內
指數型 ETF，約 0.15％～ 0.4％，而槓桿型、反向型、商品型 ETF
大多是連結期貨，經理費用動輒在 1％以上。

但在一般 ETF 和基金的權責劃分裡，基金公司負責投資管理、
銀行負責保管，有點像開證券戶要連結銀行交割帳戶一樣，一個負
責買賣下單、一個負責股款交割，所以經常伴隨著經理費一起出現

的，就是銀行所收取的**保管費**，以 ETF 來說大部分是 0.035％。

接著是 ETF 獨有的「**指數授權費**」和「**上市上櫃費**」，前者是指數管理公司授權該檔 ETF 追蹤該公司指數的費用，台灣目前最大的是隸屬於證交所的台灣指數公司。最常聽到的**發行量加權股價指數**，還有 ETF 領域最知名的台灣 50 指數、台灣高股息指數、台灣公司治理 100 指數等，都是他們所編製維護的指數。

而國際知名的指數公司像「明晟」（MSCI）和「標準普爾」（S&P），台灣也有多檔 ETF 追蹤這些國外股票成分的指數。此外，既然 ETF（Exchange Traded Funds）直譯為「在交易所買賣的基金」，自然得像一般股票一樣，需要每年繳交上市上櫃的費用給交易機構。

最後的交易費用和雜費，則包含了投信買賣持股所需繳納的手續費和稅金，以及召開會議等其他費用。

💰 基金費用相對複雜

基金的世界不講買進、賣出，而是講申購和贖回，一般來講基金手續費有分兩大類：前收、後收，或稱為 A 股、B 股、C 股、F 股等一堆代號，但這不是指大陸上證的 A 股，不要搞混。

我們一般買的絕大多數都是**前收型**的基金，也就是只在申購時收手續費，贖回時不再收手續費，而股票和 ETF 都買賣要收手續費，這是第一個差別。

　　基金又可以概略地區分為四種類別：國內、國外、股票、債券。
國內基金手續費約 0.5％～ 1.5％、國外債券型 1.5％、國外股票型
3％。但這些都是原始的手續費率，一般透過銀行通路申購大多有
4 ～ 6 折，而如果是透過基金平台（基金超市），手續費折扣至少
有 2 ～ 3 折，比銀行更有吸引力。

　　不過鼠發現這幾年基金通路競爭很激烈，不只是折扣數越殺越
低，還經常在推零手續費優惠。只不過零手續費通常會附帶許多條
件，像是限定商品、限定期間或限定扣款方式，申購前一定要詳細
瞭解。

　　除了申購手續費，在將來把基金贖回時，其實絕大多數是不收
贖回手續費的，但還是有少數國外基金也會收，約 0.5％，不能說
完全沒有。

　　而如果是後收型的基金，顧名思義沒有申購手續費，但在一定
的年限內贖回，就會出現**遞延手續費**，約 4％～ 1％逐年遞減，越早
贖回百分比越高。鼠覺得它其實就是後收型基金的申購手續費，雖
然在申購時不用繳，但在提前贖回時換個名字收費。其實這跟儲蓄
險的解約金原理有一點像，目的都是希望投資人把資金放長來享受
費用的逐年遞減，不要太早贖回，一般只要撐過三、四年，這項遞
延費就會遞延到 0％。

　　另外在投資期間如果要更換基金，就會出現**轉換手續費**，大部
分銀行每次收 500 元，有的則是除了銀行要收，基金公司還會再加
扣 0.5％的淨值，每家銀行和基金公司的規定就都不太一樣了。

當然，即便是一般的共同基金，透過銀行交易會有 0.2％的帳戶管裡費（信託管理費），在贖回時，會依照持有天數（有些銀行依照月數）來計算，每次收費的最低門檻 200 元，但大多數銀行現在都有優惠，第一年不收這項費用，如果是透過基金平台申購，之後贖回也不會有。

基金費用最常被討論的是持續性成本，跟 ETF 一樣會有從淨值內扣的經理費、保管費和雜費等項目，不過仔細一看就不難發現，光是經理費和保管費這兩項加起來，就已經是 ETF 的好幾倍。如果這類主動型基金扣取較高的經管費用，但投資績效卻無法穩定打敗市場指數，那投資人自然會轉向費用更低的 ETF，就算只能獲取市場平均報酬，可能會都比一般基金來得好，這也是 ETF 在近幾年快速崛起的重要原因。

最後比較特別的是後收型基金（例如 B 股），經常會多出 1％的**分銷費**，這是基金公司用來支付給銷售單位的費用，也是從淨值裡持續扣除。所以要買後收型基金前，尤其是境外的，要特別注意可能會有這一項，不見得會比前收型的 A 股划算。

如果在同一個年度內，把一檔 ETF 或基金所有實際發生的費用加總，會得到**年度總費用率**，在**公開說明書或投資人須知**都可以查到最近 3 ～ 5 年的數字。不論你對這些費率能理解多少，請務必記住，數字越小我們的負擔越少，報酬率就能相對提高。

Part 4

比賺錢
更困難的事：
保持賺錢

4-1

一張壁紙，
從中學到一件事

得到破銅獎牌的啟示：
保命停損

在瞭解最基礎的投資工具後，很多人也許會感到躍躍欲試，急著大展身手，但更多人經常忘記在進場時，必須同時擬定出場策略，因為不管是賺是賠，最後必須賣出才能實現，就差在夠不夠心甘情願，而股票下市就是最不甘願的那種……

💰 新手的幸運，還是遇到地雷股

在鼠剛開始接觸股票的前幾年，可能是新手的幸運，透過操作價差賺了一點錢，但也因為這股自以為是，讓我後來買了地雷股卻抱得毫不自覺。那就是勝華科技（2384），這家公司成立於 1990 年，是台灣一家老字號的觸控面板大廠，1998 年在證交所掛牌上市，曾是全球第二大觸控面板廠，也曾是蘋果重要的觸控面板供應商。

會買這張股票，就是衝著 iPhone 螢幕變大的消息，因為從 2007 年第一支 iPhone 問世以來直到 2011 年的 4S，全都是 3.5 吋的螢幕。早在 2012 年初，市場不斷傳聞下一代 iPhone 螢幕即將變大，這對蘋果是頭一遭，所有果粉也都引頸企盼，所以跟螢幕相關的觸控面板類股，自然讓人有所期待。而在當時 iPhone 觸控面板的供應商除了勝華（2384）就是 TPK-KY 宸鴻（3673），但那時宸鴻股價四百多元，小資族根本買不起，而勝華只要十幾元就相當好入手。

當時，鼠對「單片式玻璃觸控面板」（One Glass Solution, OGS）、「In-Cell 內嵌式觸控面板」是什麼根本搞不清楚，也沒想要搞清楚，更不懂基本面還是財報的 EPS，只是很一廂情願覺得有吃到蘋果應該就會漲吧。

後來領了一筆績效獎金，立刻下了 1 張 19.2 元的勝華，鼠用
「下」來形容一點都不浮誇，因為那幾乎是聽消息，靠自己的想像
憑空亂下注。

果不其然，新手的光環最後敗在這塊觸控面板，勝華在 2014 年
9 月爆發財務危機和內線交易，接著就在 10 月向法院申請重整，股
票隨即打入全額交割*外加分盤交易**，11 月就暫停交易，結果這
一停就是半年多，最後在 2015 年 7 月下市。

💰 保命停損，避免虧損到底

經過這麼多年，那張股票還在我的證券庫存裡，未實現損益
率永遠是負 100％，像一塊生鏽的破銅獎牌，每次只要一打開證券
APP，它就會自動掉出來，讓我很難忘掉它的存在。（見圖表 4-1）

後來，鼠總結這張壁紙告訴我最重要的一件事，就是不論再好
再穩的投資，都一定要設定「保命停損」，就好像鼠每次登機，習
慣先看逃生門在哪。

---

* 所謂的「全額交割」就是證交所取消 T+2 這個交易彈性，投資人必須先把買股票的
錢匯給券商才可以買這檔股票，要賣出全額交割的股票時，也要先請券商把股票圈
存到券商那裡，不管是買或賣，只要當天沒成交就會退回原帳戶，下個交易日再重
來。這樣做的目的是讓交易過程變得麻煩，降低投資人買賣的意願，通常是用在出
現重大警訊或風險較高的股票，目的是為了保護投資人。

** 分盤交易，是把盤中撮合速度變慢，改為每幾分鐘才撮合一次，所以又稱「人工管
制撮合」，而至於要多少分鐘，會依照每檔股票的問題嚴重情況來決定，每 10 分
鐘 1 次、每 45 分鐘 1 次、每 60 分鐘 1 次都有，長短不是固定的，也是為了保護投
資人而增設的交易障礙。

損益：-19,220（台幣）
筆數：1（頁次 1/1）

功能	商品	類別	股數	現價	成本價	投資成本	帳面收入	損益	損益率	幣別
下單明細	勝華	現股	1,000	0	19.2	19,220	0	-19,220	-100%	台幣

圖表 4-1　鼠的證券帳戶裡，勝華的損益明細

大多時候，我們討論到停損或停利，都是在單純賺賠的邏輯裡討論出場條件，卻忽略了設定條件是一回事，能否徹底執行又是另外一回事。

就以那張勝華來說，從 2012 年 4 月買進，一直到 2014 年 9 月爆發財務危機，中間有兩年多，它的股價一路都在跌，我不但不想賣，反而一直「覺得」總有一天會漲回來。但究竟憑什麼這麼自以為是，我也講不出來，就是一種感覺，而事後再回想這種感覺，有很大的關係來自於他的緩慢下跌，就像溫水煮青蛙一樣，每次都跌一點點讓我毫無防備，等到我真的意識到事態嚴重，想賣出時，股價只剩 5 元。

後來才知道這就是心理學常提到的「沉沒成本」，也就是當我們陷得越深時，之前累計的虧損會影響之後的每一次決定，賠越多會越不甘心、拖越久越不想賣，甚至還會想加碼攤平，最後船不但沒再度浮起，反而加速下沉。

💰 投降輸一半，只要虧損 50% 就賣出

在港片《賭俠》裡有句相當經典的台詞是「投降輸一半」，意思是當大勢已去，只要投降就還能保住半壁江山。五個字說來簡單，但在投資市場要投降認輸何其困難！但很多時候也正因為這種不理性的堅持，導致錯失最後的保命停損點。

50% 似乎是心理的臨界值，在虧損 50% 贖回雖然要認賠一半，但至少還保住另一半，好壞雙面還能協調出某種平衡。如果虧損超過一半還沒停損，那之後只會更不甘心更不想走，連要往好處想的餘地都沒有。所以鼠會建議用一半來當作「保命停損」的最終值，也就是當一筆投資的虧損達到 50% 就不再眷戀，必須全部出清，一張都不留，因為此時再不走，就再也不用走了。

相對於股票，基金、黃金、外幣等其他投資工具，雖然不至於像股票一樣會有下市歸零的極端風險，但投降輸一半的概念可以運用在任何投資工具，與其說是停損的方法，還不如說在為我們心理的弱點，設計理性的台階，避免因為偏執而脫離客觀判斷。

4-2

風險控管，
不讓投資成果一夕烏有

做好風險控管，
才能讓資產不受到傷害

不論我們學習投資理財最終是為了什麼，或許是提早退休，可能是不想又忙又窮，也可能是為了某種社會認同或物質享受，這些理由最後都離不開「我」。

> 我領 22K 還可以每年飛到歐洲旅遊。
>
> 我為自己工作，同時享受著財務自由。
>
> 我搬到加州，還送女兒去念哈佛。
>
> 我 50 歲退休，從此過著零壓力的生活。

但如果刪掉最前面的「我」，後面的句子再理想，都沒有用。

前一章提到的逃命停損，考驗的是心理層面的決斷力與意志力，透過刻意練習和經驗累積，很多人都可以輕鬆執行。但有時候人定不見得可以勝天，即使再如何小心努力，我們生活中仍然存在許多「不可抗力」與「無能為力」的風險，這無關聰不聰明或好不好心，充其量只能說是幸不幸運。

風險雖然存在，卻不代表一定會發生，也不是天天都在發生，所以人類發明了「保險」，透過群體的力量來分攤「意外」對少數人造成的巨大損害。對個人來說，只要共同承擔一小部分，就可以獲得數以百倍或千倍的保障，我為人人也是人人為我，不可控的風險就得以被轉嫁、被管理，這也是保險最原始的用意。

但一講到保險，「機率」往往是第一個直覺，可是下一秒、下

一刻、明天、明年會發生什麼，永遠沒有人知道。扣除「一定會」和「一定不會」之後，其他都叫「不確定」，不管 5％或 95％的降雨機率，只要下雨就是下雨。

所以有一句話讓鼠印象深刻：「問題不是機率，而是發生的時候，你的口袋有多深！」當然也不需要整天自己嚇自己，但可以在合理的假設下，練習評估「我和我的家人，有多少能力應付最糟的情況？」

現在，高級超跑滿街跑，不只市區很多，山區更多，電視有時會報導機車不小心撞上跑車的新聞，隨便一根保險桿就是百萬起跳。我們辛苦工作之餘，還買書花時間學理財，求的不過是一個夢想中的未來，但只要遇到一個小意外，多年來辛苦累積的一桶金，很可能一夕歸零還賠不起。

交通事故很多時候不是我們不小心，而是別人沒長眼睛、隨便開車門，結果鬧上法院告半天，理虧的反而不用賠，這種例子太多，碰到了真的是有苦難言。

💰 高保額，不一定有高保障

有人會問，現在不是有強制險嗎？不是每個人都有全民健保嗎？但話說回來，有多少人可以真正瞭解健保的給付範圍？當然沒有，強制險也一樣，很多人都不知道汽機車強制險只保「人」不保「車」，所以不管是撞到車頭還是車尾，只要人沒事，強制險什麼

243

都幫不了你，必須外加第三責任險，才能把車主乘客傷害、財產損失、超額理賠等缺口補齊。

以機車來說，在強制險之外加保第三責任險 50 萬元財損的保障，每年保費不到 250 元，等於是用兩千分之一的成本，就能在意外中保住我們的辛苦錢，但如果沒有保險，每一塊錢都要自己賠，光用想的就很不甘願。用財務的角度來看，這就是一種槓桿，因為投入 1 元可以放大成 2,000 倍的保障效果，只不過時間到了，保障就結束，必須再投入 1 元才能延續，這是標準的消費型保險。

也因為保險不過是一紙合約，這種「保障」是摸不到也看不見，不斷繳錢卻什麼都沒有，久了很容易陷入「投資─回報」邏輯裡，也把保險當作是一種需要被回收的投資，想把沒用到的錢拿回來，而市場有需求就會有供給，所以慢慢發展出各種「還本」或可以「領回」的商品。但你有沒有想過，如果每個人享受完保障就要求退費，那麼真正意外降臨時，保險公司要拿什麼來賠？

羊毛終將出在羊身上，保險公司當然不是傻瓜，如果保戶想還本就得付出代價，一樣 100 元的保障，不還本只要繳 1 元，想還本可能要繳 10 元。保險公司會拿其中 1 元買 100 元消費型保險，再把剩下的 9 元拿去投資，期滿後保險公司用 9 元到外面投資賺了 2 元，合計價值 11 元，最後把 10 元「還本」給保戶，剩下 1 元都歸保險公司。

對保戶來說，繳了 10 元不但可以還本 10 元，期間還可以得到 100 元的保障，覺得自己根本賺到，但中間隱含了 9 元的機會成本已經默默被忽略，這也是還本終身型的商品，保費一定比不還本定

期型商品貴的原理。

即便如此，仍然不能否定終身還本型的商品，因為這 9 元雖然是機會成本，也就是保戶有可能喪失更好的運用機會，但沒人可以保證把 9 元留著自己投資，一定能創造更好的報酬，所以對很多人來說，終身還本型的商品比較像是強迫儲蓄，在準備未來的退休金。

比較麻煩的是，當我們買了太多還本型商品，高額的保費除了會排擠其他可以運用的資金，也會產生「高保費等於高保障」的錯覺，不知道保單內容有什麼，卻買了一堆，以為每年繳不少錢，保障應該沒缺，等到真正要理賠，才發現根本不夠轉嫁風險。

💰 除了投資理財，還要管理自己的人身風險

隨著理財知識越來越普及，投資工具的型態也更透明、更多元，各種佛系、懶系、傻系理財法不斷推陳出新，單靠簡單穩當的投資策略，每年獲得 4％～ 5％報酬不再困難，保戶也越來越精算。這種時候還本商品不見得吃香，因為我們與其讓保險公司賺走，還不如留著自己操作，所以「低保費－高保障」的投保意識才會在近幾年逐漸受到重視。

鼠認為，我們可以因為各種理由討厭保險，但不能讓自己沒有保障，也不該讓辛苦累積的資產白白暴露在風險之中，這也是對自己和家人的一份責任。每個人都有自己的人生課題和生活難處，誰都沒有無賴的理由可以拖累別人，也沒有人需要無條件共同承擔。

　　這可能是個嚴肅的話題，但在投資理財的領域，除了選對工具創造報酬，學習管理自己的人身風險也相當重要，因為就算得到一堆金雞蛋，也要有個安全的籃子才能帶得走，如果沒有做好風險的管控，再卓越的投資成果都可能一夕烏有。

　　讀完本章後，尤其是還沒有任何保險的小資族，請盡快著手研究，至少先規劃最基礎的「傷害」和「醫療」保障，因為不論你想要的成就是什麼，最重要的還是前面那個「我」。

結語

投資理財，
是獲得幸福的必修課

　　我們幾乎每天都會在 YouTube 或 FB 粉絲專頁收到類似的訊息：「請問 ×× 股票可不可以賣？」「某 ETF 現在可不可以買？」

　　說真的，我們不知道也無法回答，因為每個人對風險報酬的耐受力差距很大，資金來源和投資目標也都不同，適合柴的方法不一定適合鼠，適合鼠的方法也不見得可以完全套用在每個人身上。

　　鼠看過一種人，可以面不改色地看待買進後的大跌或賣出後的大漲，但也見過那種稍微一個劇烈波動，就緊張兮兮到處問的投資人，有風險意識雖然是件好事，但為了投資把自己逼瘋就是件傻事。

　　這兩種人表面上情緒看似截然不同，但共通點是他們都已經做了決定：

前者是心中有定見，眼裡有目標，各種損益應變方案都已準備好，所以任憑市場動盪，情緒幾乎不受影響。

後者其實也做了選擇，而理由絕大部分來自當下的情緒，但其實心裡又非常搖擺，所以才會不斷地透過各種管道，尋覓各種聲音，試圖藉由外力說服內心不安的自己，去執行這個「不確定好不好」的決定。通常在這種狀態下，心理的認知偏誤必定會放大同意的聲音，不管反對的一方講什麼都自動消音，其實給什麼答案都已經沒意義。

如果要徹底解決這個問題，最根本的方法，是在決定形成之前先隔離情緒，讓大腦有機會聽進不同的聲音，才有機會提高判斷的品質，而投資情緒的控制與知識和經驗又有很大的關連。

💰 像學英文背單字一樣，土法煉鋼

關於知識，鼠在中學時期念英文的方法叫土法煉鋼，因為初學英文時，我對句型和文法完全束手無策，永遠搞不懂一堆奇怪的擺放原則和使用規定，例如：I don't think I can do this.（我不覺得我能做這個），就不能說成 I think I can't do this.（我覺得我不能做這個），後者其實更符合中文的邏輯順序，但偏偏不符合英文文法。

最可怕的是，很多句型的規定中，又包含了各種例外，這種情況可以這樣用，那種情況又不能這樣用，變化情況無極限，老師又特別愛出例外的用法，總是隱藏在考卷中讓你錯了又錯，完全歸納

不出一體適用的判斷邏輯，簡直快被逼瘋。

後來我發現要對付變化無常的英文文法和句型，說穿了就是一種感覺，當語感越強，命中率就越高，用背的毫無用處。而語感的培養必須靠大量的閱讀，要提高閱讀的理解程度就必須提高字彙量。我終於發現專長可以派上用場的地方，因為單字是一個蘿蔔一個坑，apple 就是蘋果，任何情況都不會變成貓，意思是說，時間投入和字彙量是線性關係，投入多少時間就得到多少東西，完全土法煉鋼。

與其在捉摸不定的文法句型裡繼續掙扎，我還不如把時間花在累積字彙，我文法弱沒關係，但只要看懂的字比別人多，理解力也會跟著提高，能夠多背一個字就比別人多一個機會，策略就是這麼簡單。

於是，我在高中做了一件很多人都覺得愚蠢的事：背字典。我還記得那本《新知識英漢辭典》是國小校長送的畢業禮物，約一個巴掌大，一千四百多頁雙色印刷，包含五萬多個詞彙，它最大的特色是有很多黑白小插圖和典故，像在看百科全書一樣。

鼠到現在都沒忘記從 A 開始的第一個常用字是 abandon（放棄），我就這樣從 A 開始一路背，遇到特別喜歡的字就抄在筆記本，然後繼續背，下課時同學手上拿的是金庸，我卻是英漢字典不離手。就這樣到高二，幾乎把整本都背起來了，連一般人根本不會的罕見字、專業字、奇奇怪怪的字，我居然都看得懂，而且還拼得出來。

後來焦土策略果真奏效，隨著字彙量不斷累積，加上大量的文

章閱讀，我的英文成績也開始突飛猛進。這可以說是高中三年對我
影響最大、最重要的投資，後來出社會工作都常被自己嚇到：「我
怎麼看得懂這麼奇怪的字！」如果有人問⿏學好英文的訣竅是什
麼，我一定會說：「什麼都不要管，卯起來狂背單字就對了！」

💰 搞懂基礎金融知識，學起來受益一輩子

回想這一段過程，正是自己察覺了問題癥結，並擬定一個適合
自己的破解策略，實際執行加以驗證的結果，而這段學習經驗，經
過多年之後用在學習投資理財，竟也得到極為類似的答案。也就是
說，如果你的投資之路不知道該怎麼起步，⿏認為，搞懂基礎金融
知識，絕對是 CP 值最高的選擇，因為定義和原理是固定的，學起
來就可以用一輩子。

相對於知識的蒐集，經驗的累積就更需要大量的時間，因為隨
著時間過去，很多事情總會不證自明，有時當下損益的對錯，隔天
一開盤可能又變成完全相反的結果。重點在分析每次決定進出的理
由，最後和目標偏離多少？為什麼跟當初預估的方向不一樣？哪個
部分沒考慮到？才會知道下次可以怎麼修正，避免在同一個地方不
斷跌倒。

對新手來說，沒有想法是很正常的，但隨著參與市場的時間久
了，經歷修正的次數多了，對自己的投資個性也更瞭解了，就能
慢慢發展出一套屬於自己對金錢獨有的意識、對投資專門的心法
聖盃。

在磨練心法過程裡，我們可能伴隨著市場的長期上揚而小有斬獲，也可能因為一時誤判而遭遇突如其來的劇烈重挫，歷經套牢虧損的焦慮煎熬。但市場的漲跌像呼吸一樣，不可能永遠只上不下，尤其是累積了越大的漲幅，經常會伴隨著越大的修正，才能讓擠壓變形的能量釋放，讓扭曲的環境恢復正常。

每一次賺賠都是最刻骨銘心的經驗，也是向市場學習的最佳機會，每經歷一次海嘯衝擊，就又向目標更靠近了一點。所以越早開始絕對越有利，因為時間不只會放大複利，也會轉換成深淺程度不一的經驗累積，不管是自己身歷其境在市場中學習，還是從別人身上聽到讀到的各種慘痛教訓，都需要透過實際行動才能寫入記憶，最後才能變成更好的自己。

在面臨人口老化、房價高漲、貧富差距惡化、氣候變遷的問題，生活在台灣其實已經很幸運，但對於未來，我們仍然不敢期待社會福利，或是社會保險所提供的退休金，自己的未來真的只能自己來。

如果你也同意投資理財是獲得幸福的必修課，那不論如何，現在都得立刻開始！因為時間和機會正一分一秒地在流逝。

更多「Q知識影片，都在柴鼠兄弟YouTube頻道和FB粉絲專頁，歡迎免費訂閱柴鼠，和你一起提高FQ。

翻轉學 翻轉學系列 028

跟著柴鼠學 FQ，做自己的提款機
為投資理財打好基本功，讓你不靠勞力，增加被動收入，快速 FIRE

作　　　　者	柴鼠兄弟
繪　　　　者	柴鼠兄弟
著 色 繪 者	郭侑菱
總　編　輯	何玉美
主　　　編	林俊安
封 面 設 計	FE 工作室
內 文 排 版	黃雅芬

出 版 發 行	采實文化事業股份有限公司
行 銷 企 劃	陳佩宜・黃于庭・馮羿勳・蔡雨庭
業 務 發 行	張世明・林踏欣・林坤蓉・王貞玉
國 際 版 權	鄒欣穎・施維真・王盈潔
印 務 採 購	曾玉霞・謝素琴
會 計 行 政	李韶婉・許俶瑀・張婕莛
法 律 顧 問	第一國際法律事務所　余淑杏律師
電 子 信 箱	acme@acmebook.com.tw
采 實 官 網	www.acmebook.com.tw
采 實 臉 書	www.facebook.com/acmebook01

I S B N	978-986-507-110-3
定　　　價	380 元
初 版 一 刷	2020 年 4 月
初版四二刷	2023 年 9 月
劃 撥 帳 號	50148859
劃 撥 戶 名	采實文化事業股份有限公司
	104 台北市中山區南京東路二段 95 號 9 樓
	電話：(02)2511-9798　傳真：(02)2571-3298

國家圖書館出版品預行編目資料

跟著柴鼠學 FQ，做自己的提款機：為投資理財打好基本功，
讓你不靠勞力，增加被動收入，快速 FIRE / 柴鼠兄弟著 . –
台北市：采實文化，2020.04
256 面；17×23 公分 . --（翻轉學系列；28）

ISBN 978-986-507-110-3（平裝）

1. 個人理財　2. 投資

563　　　　　　　　　　　　　　　　109003014

采實出版集團
ACME PUBLISHING GROUP

版權所有，未經同意不得
重製、轉載、翻印

翻轉學

翻轉學